하루를 48시간으로 사는 마법

방송국 헤르미온느 이재은의   삶을 빛나게 하는 마법의 주문

하루를
48시간으로
사는 마법

이재은 지음

비즈니스북스

* 이 책에는 네이버에서 제공한 나눔글꼴(나눔손글씨 '다시 시작해')이 적용되어 있습니다.

하루를 48시간으로 사는 마법

1판 1쇄 발행   2021년 12월 17일
1판 16쇄 발행   2024년 9월 3일

지은이 | 이재은
발행인 | 홍영태
편집인 | 김미란
발행처 | (주)비즈니스북스
등 록 | 제2000-000225호(2000년 2월 28일)
주 소 | 03991 서울시 마포구 월드컵북로6길 3 이노베이스빌딩 7층
전 화 | (02)338-9449
팩 스 | (02)338-6543
대표메일 | bb@businessbooks.co.kr
홈페이지 | http://www.businessbooks.co.kr
블로그 | http://blog.naver.com/biz_books
페이스북 | thebizbooks
ISBN 979-11-6254-256-9   03190

비즈니스북스는 독자 여러분의 소중한 아이디어와 원고 투고를 기다리고 있습니다.
원고가 있으신 분은 ms1@businessbooks.co.kr로 간단한 개요와 취지, 연락처 등을 보내 주세요.

My times are in your hands.

(Psalms 31:15)

'시간이 없어'가 말버릇이 되어버린 사람들에게

'아, 하루만 더 있었더라면.'

'일주일만 시간이 더 주어진다면 잘할 수 있었을 텐데.'

누구나 한 번쯤은 해봤을 생각이다. 나 역시 그랬다. 매일 새벽 5시 라디오 생방송, 하루 종일 이어지는 인터뷰와 녹음, 저녁 6시 정보 프로그램 생방송과 주말엔 메이저리그 중계와 뉴스, 자정이 넘어 방송되는 스포츠 프로그램까지 매일 빠듯한 스케줄을 소화했다. 외부 촬영이 늦게 끝나는 날엔 다음 날 새벽 생방송을 위해 숙직실에서 잠깐 눈을 붙이는 데 만족해야 했고, 아침 일찍 중계가 있는 날엔 사무실에서 밤새 공부를 하다가 곧바로 방송에 들어가기도 했다.

매일 "시간이 없어!"라는 말을 입에 달고 살았다. 혹시라도 주어진 일을 제때 끝마치지 못할까봐 조급하고 불안한 나날이 계속되었다. '타임터너'라도 있으면 얼마나 좋을까. 〈해리 포터〉에 나오는 시간을 되돌리는 시계 말이다. 타임터너를 가지고 하루의 시간을 더 길고 알차게 열정적으로 사용하는 헤르미온느처럼 살 수 있다면!

시간에 쫓기고 허덕이며 수많은 시행착오와 절망 그리고 희망을 맛본 끝에 나는 알게 되었다. 누구나 타임터너를 가지고 있다는 것을, 공평하게 하루 24시간이 주어지지만 시간을 잘 활용하는 능력만으로도 내가 원하는 목표와 일상의 여유를 동시에 누릴 수 있다는 것을 말이다. 또한 이 능력은 훈련으로 습득할 수 있다. 이후 시간을 효율적으로 활용하고 순간에 집중함으로써 일과 생활의 균형을 이루는 방법을 연구하기 시작했다. 나만의 타임터너를 만들었던 것이다.

우선 새벽 기상을 시작했다. 처음에는 자의가 아니었다. 새벽 방송을 하면서 억지로 시작하게 된 새벽 기상. 하지만 덕분에 하루를 더 길고 알차게 쓸 수 있게 되었다. 단순히 일찍 일어나는 것에서 그치지 않았다. 새벽 기상 덕분에 조금 더 길어진 하루를 30분 단위로 쪼개어 계획했다. 1시간 단위로 계획을 세울 때보다 더 집중해서 시간을 보낼 수 있었다. 이런 습관이 몸에 밴 후로는 뭘 했는지도 모르게 무의미하게 흘려보내는 시간이 확실히 줄어들었다. 하루를 24시간이 아닌 48시간으로 사는 것 같은 효과를 얻을 수 있었다. 그야말로 나만의 타임터너를 갖게 된 것이다!

"왜 이렇게 시간이 부족해.", "벌써 시간이 이렇게 됐어?", "시간이 없어서."라는 말은 다른 세상 이야기가 되었다. 똑같은 일상, 똑같은 환경이지만 일찍 일어나서 꼼꼼하게 계획을 세우는 것만으로도 하루를 더 길게 쓸 수 있었다. 〈해리 포터〉 속 헤르미온느가 타임터너를 이용해 동시에 여러 수업을 들을 수 있었던 것처럼 나도 부지런히 일어나 움직이다 보니 자연스럽게 더 많은 기회가 찾아왔다. 일하는 게 제일 즐거운 '워커홀릭'인 나는 할 수 있는 한 많은 경험을 쌓고 싶었고 라디오, 스포츠, 뉴스, 시사교양, 예능까지 기회가 올 때마다 놓치지 않았다. 그리고 그 경험들은 단 하나도 버릴 것 없는 소중한 자양분이자 지금까지 나를 지탱하는 튼튼한 뿌리가 되었다.

나는 유튜브 채널을 통해 일상을 공유하고 있는데, 구독자들은 '어떻게 하루에 그 많은 일을 다 해낼 수 있냐', '대체 시간이 어디서 나오는 거냐'고 자주 묻는다. 내가 마치 하루를 48시간으로 쓰는 헤르미온느 같다며 '잰느미온느'라고 부르는 사람도 있다. 그 비결을 더 많은 사람과 나누고 싶다는 생각이 이 책의 시작이었다. 오늘 하루를 정성스럽게 계획하고 사소하고 기본적인 일들을 충실히 해내는 것, 그렇게 하루하루를 다지고 다져 느리더라도 확실한 성취를 이루어내는 것을 보여줌으로써 누구나 할 수 있다는 것을 알려주고 싶었다.

누구에게나 자신만의 '타임터너'가 필요하다. 물리적인 시간을 더 확보해내는 방법일 수도 있고, 주어진 시간을 더욱 양질의 것으로 만드는 방법일 수도 있다. 그런 의미에서 타임터너는 자신의 인생을 소중히 여기는 사람에게만 주어지는 선물일지도 모르겠다. 타임터너는 무기력한 순간에 생기를 불어넣는다. 모든 것이 엉망진창인 것 같은 하루에 질서를 되찾아준다. 당신이 가장 혼란에 빠진 그 순간에 마법처럼 당신을 가장 고요하고 단단한 곳으로 인도할 것이다.

누구보다 열심히 살고 있지만 매번 시간이 부족하다고 느끼는 사람들, 혹은 뭐 하나 제대로 해내지 못한 채 보내버린 시간을 한탄하는 사람들을 위해 매일을 알차게 꾸려가는 방법을 공유하고자 한다. 아나운서라는 꿈을 향해 달려온 시간을 소개하고, 새벽 기상을 통해 삶을 주도적으로 이끄는 법, 하루 계획을 세워 효율적으로 시간을 활용하는 법을 담았다. 그렇게 차곡차곡 모은 시간을 의미 있게 쓸 수 있는 나만의 공부법도 공유한다. 또한 멘탈을 관리하는 법과 작은 일부터 꾸준하고 성실히 해나가는 마음가짐에 대해서도 이야기한다.

책 곳곳에 'JANN'S NOTE'라는 이름으로 도전이 되는 문구들도 담았다. 내가 그랬던 것처럼 이 책을 펼쳐 든 당신에게도 힘이 되기를 바라는 마음과 함께다. 여기에 자신만의 응원 문구를 적어 보는 것도 좋겠다. 책을 통해 서로를 응원하고 격려하는 방법이 되리라 생각한다.

각자의 자리에서 주어진 하루를 소중히 여기며 열심히 살아가는 모든 이들이 잃어버린 시간을 되찾길 바라는 작은 소망을 이 책에 담았다. 당신의 잃어버린 시간을 되찾고 싶은가? 자기만의 '타임 터너'를 찾아 나설 준비가 되었다면, 이제 책장을 넘기고 함께 주문을 외워보자!

2021년 12월
이재은

프롤로그

첫 번째 주문

"멈추지 않으면
언젠가 꿈에 닿아"

쉼 없는 도전으로 꿈을 낚아채다

잰느미온느의
타임터너

내가 유일하게
멈춘 순간

"자 마지막으로 하고 싶은 말 있나요? 뭐, 각오라든지."

"저, 제가 한번 해보겠습니다!"

2011년 12월, MBC 입사 시험의 3차 면접을 치른 그날의 기억
이 생생하다. 긴장감으로 온몸이 얼어붙은 것 같았지만 용기를 내
손을 번쩍 들었다.

"혹시 미리 준비한 멘트라면 하지 말고."

흠칫했다. 당연히 준비한 멘트였으니까. 하지만 물러설 수 없
었다.

"아… 준비한 멘트이긴 한데, 꼭 하고 싶습니다!"

"그래요, 뭐. 그럼 한번 해보세요."

어쩌면 이게 마지막일지 모른다. 비록 준비한 말일지라도 나의 진심을 한마디 한마디에 꾹꾹 눌러 담았다.

"여러분이 맨체스터 유나이티드의 퍼거슨 감독이라면 어떤 선수를 선발로 기용하시겠습니까? 골을 잘 넣는 선수? 개인기가 뛰어난 선수? 퍼거슨 감독은 끝까지 최선을 다해 뛰는 선수를 선발로 뽑는다고 합니다. 마지막 휘슬이 울리는 그 순간까지 끝까지 포기하지 않고 최선을 다해 뛰는 아나운서가 되겠습니다!"

모든 사람의 시선이 집중된 가운데 내 목소리가 쩌렁쩌렁 울려 퍼졌다. 두 주먹을 불끈 들어 올리기까지 했던 것 같다. 그뿐 아니라 '휘슬이 울리는' 부분에서 좀 더 극적인 효과를 주기 위해 챙겨 간 호루라기를 꺼내 들기도 했다. 마치 웅변대회에 나왔거나 선거 유세라도 하는 사람처럼 보였으리라.

"저는 아직 많이 부족합니다. 다듬어지지 않은 날것의 모습이지만 그 누구보다 잘할 자신 있습니다! 저의 가능성을 믿어주세요!"

내가 할 수 있는 말은 사실 그것밖에 없었다. 나란히 앉은 아나운서 지망생들 사이에서 나는 그리 특별할 게 없었다. 모두 나보다 훨씬 낫시고 뛰어나 보였다. 그 속에서 나는 한없이 작고 초라했지만 자신감만큼은 그 누구에게도 뒤지지 않았고, 무럭무럭 자라날 순비가 되어 있었다. 그래서 면접관들에게도 믿어달라고 자신 있게 말할 수 있었다. 그런 나의 마음이 전해진 걸까? 면접을 보는 내내 무표정이었던 면접관들이 흐뭇한 미소를 지어주었다.

그리고 얼마 후 4차 면접을 거쳐 최종 면접까지 마친 후 나는 곧장 교회로 향했다. 당일 오후에 바로 결과가 나온다는데 가만히 앉아 있을 수가 없었다. 결과는 이미 정해진 상황에서 내가 할 수 있는 일은 늘 그랬듯 기도밖에 없었다.

한참 간절하게 기도를 하고 있는데, 휴대전화 벨이 울렸다. 예배당엔 나 말고는 아무도 없었기에 곧장 전화를 받았다.

"MBC 인사팀인데요, 축하드립니다."

"…네?"

"이재은 씨 최종 합격하셨습니다."

"…."

"합격하셨다고요."

"아, 저기 죄송한데요. 이·재·은! 확실한가요? 다시 한 번만 확인해주세요."

"하하! 네, 맞아요. 이재은 씨, 회사에서 뵐게요!"

순간 세상이 멈춘 것 같았다. 너무 벅차서 꼼짝도 할 수 없었다. '합격'이라는 이 한마디를 들은 순간! 바로 그 순간이 그동안 쉼 없이 달려 온 내가 유일하게 멈춘 순간이 아닐까.

늘 꿈이 있는 곳에 가까이 가려고 노력했다. 2011년 MBC 입사 시험을 보던 기간엔 밤마다 여의도 MBC로 향했다. 그리고 그 보라색 건물 주변을 매일 일곱 바퀴씩 돌면서 마음속으로 기도했다.

'제발 합격하게 해주세요!'

꿈의 장소에 서 있을 내 모습을 상상하며 비가 오나 눈이 오나 매일 같이 찾아갔다. 캄캄하고 어두운 골목길이 무서워 가끔씩 동생이 같이 집을 나서주기도 했다. 낯선 사람이 매일 회사 근처를 서성이니 청경 분들이 수상하게 여겨 따라온 적도 종종 있었다. 그만큼 간절했다. 그리고 행복했다. 꿈이 있는 곳 근처를 서성이기만 해도 감사하고 기뻤다.

마침내 그토록 바라던 꿈의 장소로 첫 출근을 하던 그날을 영원히 잊지 못한다. 지금은 상암으로 이사를 와서 그때 그 보라색 건물은 아니지만 매일 아침 출근길에 회사 건물을 바라보며 여전히 벅차고 설레는 마음으로 기도한다.

"나를 이곳에 보내주셔서 감사합니다."

꿈을 향해 내달린 시간,
헛된 순간은 없었다

　　나는 오프라 윈프리를 보며 처음 아나운서를 꿈꿨다. 어려운 환경을 극복하고 자신의 이름을 건 토크쇼를 진행한 그는 나뿐만 아니라 전 세계 수많은 사람에게 귀감이 되는 존재다. 그는 사회의 여러 어두운 문제에 맞서는 용기 있는 사람이었다. 소외받고 고통당하는 많은 사람의 이야기를 들어주고 그들의 친구이자 변호인이 되어주었다.

　　나도 그런 사람이 되고 싶었다. 나의 말과 삶을 통해 많은 사람을 섬기고 실길 수 있는, 오프라 윈프리처럼 따뜻하고 사랑이 넘치는 방송을 하는 언론인이 되고 싶었다. 그래서 이화여대 언론홍보영

상학부에 지원했고 합격했다. 고등학교 졸업장도 받기 전인 고3 겨울방학, 언론사를 준비하는 재학생이나 동문이 듣는 프로그램인 저널리즘 스쿨을 운영하는 교수님을 직접 찾아갔다. 어리둥절해하며 나를 쳐다보는 교수님께 씩씩하게 인사했다.

"교수님, 안녕하세요! 저 이번에 입학할 예비 신입생 이재은이라고 합니다!"

"그런데?"

"저도 여기서 선배들이랑 같이 공부하고 싶습니다!"

아직 입학도 안 한 고등학생이 4학년 선배들도 들어가기 힘든 저널리즘 스쿨에 들어오고 싶다니 얼마나 황당하셨을까.

"허, 참… 여긴 자네가 지금 올 수 있는 곳이 아니야. 나중에 4학년이 되면 다시 오시게."

지금 생각해보면 무식해서 용감했다는 말이 딱 맞다. 이런 이야기를 하면 내가 나서기 좋아하고 매사 적극적인 성격이라고 생각할지 모르겠다. 사실은 정반대다. 낯도 많이 가리고 나서는 걸 꺼리는 내성적인 성격이다. 하지만 꿈이 생기니 용기가 생겼다. 꿈을 위해 할 수 있는 일이라면 그게 뭐든 망설이지 않고 일단 도전했다. 당시 교수님은 그 일이 얼마나 기억에 남았는지 아직도 주변 지인들에게 내 이야기를 하신다는 말을 전해 들었다. 결국 저널리즘 스쿨엔 들어가지 못했지만 그 무모함 덕분에 지금 이 자리에 설 수 있었다.

"아나운서가 안 됐으면 무슨 일을 했을 것 같아요?"

가끔 이런 질문을 받는데, 사실 나에게 플랜 B는 없었다. 방향과 목표를 확실히 정한 이후로는 절대 흔들리지 않았다. 대안을 생각하느라 망설일 시간도, 힘들다고 물러설 퇴로도 없었다. 목적이 확실했기에 가능한 일이었다. 당연히 꿈을 이루기까지는 만만치 않은 시간들을 견뎌내야 했다. 돌밭을 지나고 가시밭도 지나고 허허벌판 광야도 지나야 한다는 걸 알았지만 포기는 생각하지 않았다. 이리저리 흔들리지 않고 오직 결승선에 시선을 고정한 채 나아갔다.

쓸모없는 경험은 없다

목적과 목표가 확실해지니 그다음은 열심히 달려갈 일만 남았다. 대학에 입학하고 나서도 아나운서를 준비하는 데 모든 시간을 쏟아부었다. 집에 가만히 있었던 적이 단 하루도 없었다. 아나운서라는 꿈에 한 발이라도 더 다가가기 위해 모든 노력을 다했다. 방송 동아리 활동부터 인턴 기자, 영상 공모전, 소소한 아르바이트까지. 공고가 뜰 때마다 틈틈이 시험도 보러 다녔다. 여기저기 닥치는 대로 찾아다니며 내가 할 수 있는 건 다 시도했고, 기회가 있는 곳이라면 주저하지 않고 달려갔다.

방송 동아리에선 뉴스 피디를 맡아서 기획부터 기사 쓰기, 촬영, 편집까지 하면서 매주 뉴스 프로그램을 제작했다. 인턴 기자 시절엔 매일 새벽 경찰서와 지구대를 돌며 현장에서 벌어지는 일들을 몸소 체험할 수 있었다. 학교에 무슨 행사가 있으면 진행이든 영상 제작이든 뭐든 하면서 동분서주했다. 어디서 그런 에너지가 나왔는지 지금 생각해도 신기하다. 아마 너무나 간절한 꿈이 있어서 가능했으리라. (사기도 당해봤다. 연예 정보 프로그램의 리포터를 모집한다는 연락을 받고 나갔는데 알고 보니 금전을 요구하는 사기꾼이었다. 대낮에 사람 많은 곳이라 아무 피해 없이 도망 나오긴 했지만 지금 생각해도 소름이 돋는다.)

뉴스 피디와 인턴 기자를 하면서 뉴스가 어떻게 만들어지는지 배웠고, 여러 학교 행사에 참여하면서 하나의 방송과 크고 작은 행사들이 어떻게 치러지는지 이해할 수 있었다. 특히 학교 과제로 길거리 인터뷰나 전문가 인터뷰를 자주 했다. 나처럼 소심한 사람은 모르는 사람한테 말을 거는 것 자체가 고역이다. 겨우 용기를 내서 말을 걸어도 인터뷰를 거절당하는 것은 기본이고 무안을 당하기 일쑤다. 마음의 상처만 잔뜩 안고 돌아오는 길엔 '이걸 해서 써먹을 일이나 있을까' 싶었다.

그런데 입사하자마자 제일 먼저 그리고 가장 많이 하게 된 일이 바로 인터뷰였다. 그것도 거리 인터뷰! 시민들에게 인터뷰 의사를 묻는 일부터 마이크를 어느 방향으로 잡아야 하는지, 시작과 끝맺음을 어떻게 해야 하는지까지 아주 사소해 보이지만 모르면 안 되는 기본적인 것들을 나는 학교 다닐 때 이미 수도 없이 경험한 것이다. 빠르고 거침없이 섭외를 척척 해내고 인터뷰도 완벽하게 해내는 나를 보고 지켜보던 감독님들은 놀라워했다.

"재은 씨는 신입답지 않게 잘하네. 가르쳐주지도 않았는데 마이크를 어떻게 잡아야 하는지도 정확히 알고."

'이게 도움이 되겠어?' 싶었던 일들이 유용하게 쓰이는 경험은 그 후에도 이어졌다. 쓸모없는 일은 없었다. 내가 적극적으로 뛰어다니며 경험한 일은 단 하나도 헛되지 않다는 것을, 실제로 일을 하면서 더욱 절감했다.

꿈을 향해 달릴 땐 머릿속 계산기를 지우자. '지금 이 일을 하면 나중에 이런 식으로 도움이 되겠지?'라는 생각도 의미가 없다. 직접 경험해보기 전에는 알 수 없기 때문이다. 무모해 보여도 닥치는 대로 해보자. 그리고 시작했으면 끝까지 가보자. 그 상황에 충실했던 모든 경험은 어떻게든 어디서든 반드시 도움이 된다.

아무것도 하지 않으면 아무 일도 일어나지 않는다. 구하고 찾고 두드려야 문이 열린다. 그러니 삼진을 당하더라도 일단 타석에 서서 내가 할 수 있는 만큼 온 힘을 다해 배트를 휘둘러보는 거다. 1등은 못하더라도 일단 트랙 위에 서서 끝까지 달려보자. 그 과정에서 자신의 가능성도 발견할 수 있을 것이다.

진짜 두려운 건, 도전이 아니라
설레지 않는 것

여러 번의 도전 끝에 나는 꿈에 그리던 아나운서가 되었다. 어떤 일을 하게 될까, 어떤 사람들을 만나게 될까, 설레고 부푼 마음을 안고 처음 방송국에 들어섰다. 그러나 어떤 일이든 그렇겠지만 어느새 설렘은 익숙함이 되고 더 나아가 매너리즘에 빠지기도 한다. 그저 어제 했던 대로 관성의 힘에 이끌려 살아간다. 굳이 도전을 할 필요도 의지도 없어진다.

한참 정신없이 일하던 때는 일에 치여 살면서 꿈조차 잊고 지냈다. 매일 주어진 일을 감당해내기에도 벅차고 바쁜 일상에 내가 뭘 원하는지, 뭘 하고 싶은지 생각할 여유조차 없이 살고 있었다. 예전엔 배우고 싶은 것도 경험해보고 싶은 일들도 많았고 그만큼 원대한 꿈과 목표들을 가지고 있었다. 그리고 한번 마음먹으면 망설이지 않고 과감하게 도전했다. 꿈을 꾸는 것만으로도 행복하고 뭐든 해낼 수 있을 것 같았던 열정, 마음껏 꿈꿀 수 있었던 용기가 그리워졌다. 면식도 없는 교수를 찾아가던 패기는 어디로 간 걸까? 어느새 꿈의 설렘을 잊은 채 나는 하루하루를 꾸역꾸역 살아내고 있었다.

그러던 어느 날 2018년 평창 올림픽 홍보대사를 맡아 성화 봉송 주자로 뛰는 영광이 주어졌다. 다른 주자들과 함께 이동하는 버스 안에서 자기소개를 하는 시간이었다. 그곳에 모인 사람들은 나이도 직업도 사는 곳도 각각 달랐다.

"안녕하세요! 중학교 교사로 일하고 있는 아무개입니다."

"안녕하세요. 저는 대학생이고 이번에 자원봉사자로 함께하게 되었습니다!"

스무 명 가까운 사람들이 설레는 마음으로 각자의 각오를 이야기했다. 그리고 마지막 순서로 버스 뒤쪽에 조용히 앉아 있던 할아버지가 마이크를 잡았다.

"아아~ 안녕하세요! 반갑습니다. 저는 ○○동에 사는 아무개입니다. 아이고, 이거 참, 엄청 떨리네요. 사실 저는 어제 잠을 한숨도 못 잤습니다. 너무 설레서…."

떨리는 목소리로 또박또박 말씀하시는 할아버지의 얼굴이 소풍 가는 날 신이 난 어린아이의 모습 같았다.

"사실 제 나이가 되면 특별히 설레거나 긴장되거나 떨리는 일이 잘 없습니다. 매일이 똑같으니까요. 그런데 이 나이에도 이렇게 가슴 뛰는 새로운 도전을 할 수 있게 해주셔서 감사합니다."

할아버지의 그 말씀에 뒤통수를 한 대 세게 얻어맞은 기분이었다. 할아버지에겐 잠도 이루지 못할 만큼 설레고 가슴 뛰는 이 도전을 나는 너무 당연하게 생각하고 있었던 게 아닌가. 사실 은연중에 나는 이 소중한 기회를 그저 '오늘 처리해야 할 업무'쯤으로 여기고 있었다. 설렘은커녕 날씨가 춥다고, 장소가 너무 멀다고 은근히 불평하며 버스에 올라탔더랬다.

두려움에도
불구하고

········· 현실에 안주하고 실패가 두려워서 도전을 망설이는 나를 발견할 때가 종종 있다. 뉴스를 진행하며 좀 더 내 스타일로 멘트를 쓰고 내 말투로 표현하고 싶지만 기존의 뉴스와 다르다는 이유로 비핀을 받을까 두려워서 결국 그만두고 만다. '괜히 새로운 거 하다가 욕먹지 말고 그냥 평범하게 하자'고 단념하는 것이

다. '하던 대로 하자', '가만히 있으면 중간은 간다'는 말로 나 자신을 합리화하고 관성에 젖어 새로운 시도를 망설인다. 지금의 일과 생활에 익숙해져서 모든 것이 당연하게 느껴진다. 그리고 때로는 눈앞에 마주한 과제는 물론 평범한 일상마저 거대해 보인다. 가슴이 떨리고 두려움이 엄습한다.

새로운 일에 도전할 용기를 잃어가는 나를 발견할 때마다 버스에서 만난 그 할아버지를 떠올린다. 몇 살이 되든 계속해서 설레는 일을 찾지 않으면, 매일 반복되는 일을 기계처럼 하면서 불평불만만 쏟아내며 인생을 낭비하게 될 것 같았다. 무언가에 도전해서 가슴이 두근거린다는 것은 살아있다는 증거이고, 그 설렘이 곧 앞으로 나아갈 활력과 동력이 되어줄 것이다.

> "두려움이 없는 것은 용기가 아니다. 용기란 두려움에도 불구하고, 또 고통을 무릅쓰고 앞으로 나아가는 능력이다."

미국의 정신과 의사이자, 《아직도 가야 할 길》로 베스트셀러 작가가 된 모건 스콧 펙의 말이다. 도전하는 사람에게 두려움은 당연한 감정이다. 하지만 더 두려운 건, 그 두려움 때문에 도전을 망설이게 되는 것이다.

'내가 할 수 있을까?'

'내가 감당해낼 수준이 아닌데.'

'제대로 못 하면 안 하느니만 못해.'

'내가 그걸 어떻게 해.'

이처럼 나를 가두려는 부정적인 생각들을 경계하자. 기꺼이 마주하고 당당하게 나아가자. 어느새 떨림은 설렘이 되고, 두려움은 안개처럼 걷힐 것이다. 검은 장막이 덮인듯 막막했던 현실은 내가 활약할 생기 넘치는 무대로 바뀔 것이다. 꿈을 향해 달리는 사람은 한계를 뛰어넘어 위험을 감수하고 안전지대에서 벗어나 과감하게 도전한다.

도전의 다른 이름은
기회다

아나운서로서의 삶은 매일이 도전의 연속이었다. 뉴스를 진행하기 전까지는 주로 스포츠 방송을 도맡아 했다. 좋아하는 팀의 경기를 매번 챙겨보고 서포터즈 활동까지 할 만큼 열정적인 스포츠 팬이었지만, 팬으로서 경기를 보는 것과 실제로 방송을 하는 것은 완전히 다른 일이었다.

내가 입사했을 당시, 그러니까 약 10년 전까지만 해도 지상파 여자 아나운서가 스포츠 관련 방송을 주로 맡아서 했던 적은 없었다. 여성 캐스터가 주요 종목을 중계하는 일도 그리 흔한 일이 아니었다(물론 지금도 마찬가지다). 그래도 처음 스포츠 방송을 시작했을 때부터 나의 목표는 캐스터가 되어 중계방송을 하는 것이었다.

먼저 그 길을 걸었던 사람이 흔치 않았기에 처음엔 거의 맨땅에 헤딩하는 기분이었다. 물어보고 조언을 구할 사람도 마땅히 없었고 참고할 만한 방송도 없어서 답답했다. 결국 처음부터 하나하나 시도하고 도전하면서 나 스스로 길을 찾아가야 했다.

나만의 길을
개척한다는 것

········   첫 번째 도전은 2013년부터 시작한 메이저리그 방송이었다. 류현진 선수가 메이저리그에 진출한 해부터 매년 미국으로 출장을 갔다. 처음 메이저리그 스프링 캠프 출장을 갔을 때가 아직도 생생하다. TV로만 보던 유명한 선수들이 훈련하는 모습을 가까이서 볼 수 있다는 사실만으로도 믿기지 않는데, 직접 인터뷰할 수 있는 기회까지 얻었다.

그때 나는 일생일대의 도전을 마주했다. 인터뷰를 위해서는 선수들의 라커룸이라고 할 수 있는 '클럽하우스' 안에 들어가야 했다. 그 안에는 선수들이 속옷만 입은 채 걸어 다니고 있었다.

'저 라커룸 안에서 인터뷰를 한다고?'

민망한 건 둘째 치고 선수들에게 민폐가 아닐까 걱정됐다. 하지만 현장에서는 자연스러운 일이라고 했다. 그래도 모든 게 처음인 나는 무척 당황스러웠다. 무슨 정신으로 인터뷰를 했는지도 모르게 첫 번째 메이저리그 출장은 끝이 났다.

하나를 배우고 익숙해지고 자신감이 생길 때쯤이면 어김없이 또 다른 도전이 찾아왔다. 손연재 선수가 출전하는 2015년 리듬체조 아시아선수권 대회 중계를 하게 된 것이다. 틈틈이 새벽에 방송하는 한두 시간 중계는 해본 적이 있었지만 4일 동안 진행되는 대회를 통으로 맡아서 진행하는 건 처음이었다. 진천에 있는 숙소에서 경기장으로 출퇴근을 하며 매일 세 시간 가까이 중계를 했다. 그토록 꿈꾸던 캐스터로의 첫발을 내딛던 순간이었다.

처음이었기에 그저 큰 사고 없이 대회를 마무리한 것만으로도 다행스러운 중계였다. 그래서 '이렇게 굉장한 일들을 해냈어요!'라고 자랑할 일은 못 되지만 그 경험들이 엄청 큰 자산이 되었다는 점은 확실하다. 나 개인의 도전에서 나아가 여성 캐스터로서 한 발을 내디뎠다는 생각에 뿌듯함과 책임감을 느꼈다.

처음 가는 길이기에
누릴 수 있는 자유

········   지도가 없는 막막한 길이었지만 용기를 내어

한발 한발 걸어가다 보니 조금씩 길이 보이기 시작했다. 첩첩산중으로 보이던 도전을 하나하나 뛰어넘으면 언제나 그 끝에 기회가 준비되어 있었다. 도전의 다른 이름은 기회다.

처음 가는 길은 두렵고 떨리지만 그래서 누릴 수 있는 자유가 있다. 피할 수 있다면 피하고 싶었던 순간들, 기억에서 지우고 싶은 수많은 실수, 그리고 두렵고 막막했던 바로 그 시간이 모여 누구도 대체할 수 없는 나만의 길이 되었다. 만약 처음부터 두려워서 피했거나 실수를 자책하며 포기했다면 나는 같은 자리만 맴돌다 결국 길을 잃어버렸을지도 모르겠다. 수많은 실패와 시행착오에도 도전과 경험이 쌓였기에 나는 더 단단해졌고 더 큰 도전을 향해 나아갈 수 있었다. 무엇보다 뿌듯한 건 끝까지 포기하지 않았다는 사실이다!

편한 길을 가려고 하지 말자. 용기를 내서 새로운 길을 가보자. 매일 도전하자. 무엇보다 나의 길을 가자. 처음 걸어가는 길은 두렵고 막막하지만 그 길에는 언제나 새로운 기회와 기쁨이 있다. 꼭 해내고 싶은 목표가 있지만 자신의 부족함에 한 걸음 내딛는 것이 두려운가? 열심히 달려왔지만 아무런 성과도 없고 실수투성이인 자신의 모습에 실망하고 있는가? 바로 그 순간이 당신의 이야기를 빛내줄 최고의 재료가 될 것임을 잊지 마라. 작은 일에서부터 자기만의 길을 개척해간다면 그 누구도 대체할 수 없는 존재가 되어 있을 것이다. 시간이 걸리더라도 반드시 그렇게 되리라 믿는다.

두려워 말고 결음을 내딛으라.

미리 다 그려진 지도를 바라지 말라.

뜻밖의 일이 벌어지게 두라.

뭔가 새로운 것이 자라게 하라.

― 헨리 나우웬

어떤 꿈이든
기다림과 인내가 필요하다

2020 도쿄 올림픽은 코로나로 인해 1년이 연기됐으나 결국 사상 초유의 무관중 경기라는 조건으로 우여곡절 끝에 개최됐다. 이번 올림픽은 현장에 가거나 중계에 직접 참여하진 못했지만, 4년에 1년을 더 땀과 눈물로 준비해온 선수들이 그저 후회 없는 경기를 치르길 응원하는 마음으로 지켜봤다. 그런데 어느 때보다 어려웠던 이번 올림픽이 그 어떤 대회보다 기억에 남을 것 같다. 올림픽이라는 꿈의 무대를 온전히 즐긴 선수들 덕분이다.

그동안 올림픽 중계방송을 할 때마다 선수들이 어깨에 짊어지고 있는 부담과 압박감이 얼마나 클까 안타까운 마음으로 지켜봐왔다. 그런데 이번 올림픽은 조금 달랐다. 결과보다 그토록 꿈꿔왔던 올림픽 무대를 즐기는 선수들의 모습이 너무나 인상적이었다. 그리고 모두가 그런 모습에 박수를 보냈다.

가장 기억에 남는 선수는 역시 높이뛰기의 우상혁 선수였다. 그의 경기 모습은 충격적이라고 표현하고 싶을 만큼 새롭고 놀라웠다. 경기를 치르는 내내 그의 눈빛은 맹수보다 날카로웠지만 얼굴에선 미소와 환한 웃음이 떠나지 않았다. 관객의 호응을 유도하는 여유 있는 제스처와 힘찬 환호, 실패해도 '괜찮다'고 말하는 밝고 긍정적인 모습이 인상 깊었다. 진정으로 올림픽을 즐기는 모습이었다. 마지막 시도에서 실패했을 때도 미소를 지으며 일어나 씩씩하게 경례하는 모습은 말로 표현할 수 없을 만큼 감동적이었다.

우상혁 선수는 비록 메달을 따지는 못했지만 본인의 최고 기록을 경신했고, 24년 만에 한국 기록도 뛰어넘었다. 경기 후 인터뷰에서 메달을 따지 못해 아쉽지 않으냐는 질문에 그는 "도전했기에 후회와 아쉬움은 전혀 없다."라고 답했다. 이미 자신과의 경쟁에서 이겼고 꿈의 무대에서 후회 없이 도전할 수 있었다는 사실만으로 충분했던 거다.

수영의 황선우 선수도 마찬가지였다. 비록 메달을 따지는 못했지만 '행복하게 수영했으니 만족스럽다'는 말로 올림픽을 마무리했다. 그 역시 결과보다 도전 자체를 즐겼고 자신의 기록을 넘어서며 자신과의 싸움에서 이겼다. 그의 도전은 지금부터 시작일 것이다.

함께 땀을 흘린 승자를 아낌없이 축하해주는 모습도 최고였다. 유도 남자 100킬로그램급 결승전에서 연장 혈투 끝에 패했던 조구함 선수는 종료 휘슬이 울리자 상대 선수의 손을 번쩍 치켜들며 승리를 축하해줬다. "대결을 할 수 있어서 굉장히 영광이었고 너무 행복했다."고 말하는 그의 모습은 진정한 승리자의 모습이었다.

태권도의 이대훈 선수, 이다빈 선수도 마찬가지였다. 승패를 떠나서 경기 자체를 즐기고 최선을 다하는 모습, 메달이나 순위에 연연하지 않고 도전 자체를 즐기는 모습이 너무나 감동적이었다. 이번 대회에서 우리 선수들이 보여준 모습은 진정한 스포츠맨십이자 올림픽 정신이었다.

포기하지 않은
대가

비장애인 선수들의 바통을 이어받은 장애인 선수들의 투혼과 열정도 빼놓을 수 없다. 온갖 역경을 이겨내며 오늘에 이른 장애인 선수들의 도전은 보는 것만으로도 깊은 감동을 준나. 징에틀 딛고 한계를 넘어 꿈을 향해 도전하는 선수들의 모습은 그 어떤 드라마보다 더 드라마 같다. 포기하고 싶은 순간도 많았겠지만 그들을 붙잡아 주고 도전하게 만든 것 역시 꿈을 향한 열정이었을 것이다. 그토록 바라왔던 무대에서 자신의 한계를 뛰어넘기 위해 멈추지 않고 달려왔을 선수들의 모습은 그 자체만으로도 아름답다.

이집트의 이브라힘 하마드투 탁구 선수는 두 팔이 없어서 입으로 라켓을 물고 발가락으로 공을 올려 서브를 넣었다. 팔과 다리가 없는 수영 선수, 양팔이 없어 발을 이용해 활을 쏘는 양궁 선수 모두가 '불가능은 없다'는 말을 온몸으로 보여줬다. 수많은 고난과 역경 속에서 얼마나 많은 연습과 훈련을 했을까 감히 가늠할 수조차 없다. 꿈을 이루기 위한 과정에서 그들에게 장애 따위는 걸림돌이 되지 않았다.

2018년 평창 패럴림픽 당시 현장에 경기를 보러 간 적이 있었다. 알파인 스키 경기를 결승선에서 지켜보고 있었다. 멀리서 선수들이 불편한 몸을 이끌고 힘차게 달려오는 모습이 보였다. 결승선을 코앞에 두고 넘어지고 일어서고 또 넘어지고 다시 일어서면서 끝까지 포기하지 않는 모습에 모두가 감동의 눈물을 흘렸다.

'우리는 늘 승리했고 또 한 번 승리할 것이다.'

우리 대표팀의 2020 도쿄 패럴림픽 공식 슬로건이다. 수많은 역경을 이겨낸 선수들은 이미 승리했고, 패럴림픽이라는 무대에서 또 한 번 멋지게 승리했다. 꿈을 향해 달려가는 선수들의 열정과 에너지, 도전하는 자세와 포기하지 않는 모습, 이것이 내가 스포츠를 사랑하는 이유다. 그리고 그 꿈의 순간을 뉴스를 통해서든 중계를 통해서든 누구보다 생생하게 전하고 싶은 게 나의 꿈이다.

더 큰 꿈을
이뤄가기 위해

.... 많은 성공한 사람이 절망적인 상황에서도 꿈을 포기하지 않고 결국 이뤄냈다. 내가 롤모델로 삼았던 오프라 윈프리는 사생아로 태어나 아홉 살 때 사촌에게 성폭행을 당하고 마약에 빠지는 등 불우한 어린 시절을 보냈다. 하지만 그는 이 모든 일을 이겨내고 최고의 토크쇼 진행자가 되었다. 또한 거기서 멈추지 않고 연기에 도전했으며 직접 케이블 TV 방송사를 창립하기도 했다. 환경과 상황, 출신, 과거 따위는 그의 꿈을 막지 못했다.

오프라 윈프리를 떠올리며, 이리저리 재고 따지고 나 스스로 한계를 만들고 있진 않은지 돌아본다. 기회가 왔음에도 내 그릇의 크기를 대보며 꿈을 포기하진 않았는지, 나의 잠재력을 스스로 막아서고 억누르진 않았는지 돌이켜본다.

내가 이런 꿈을 품어도 될까 부끄러워하지도 말고, 실패를 두려워하거나 포기하지도 말고 용감하게 나아가보자. 나는 내가 생각했던 것보다 훨씬 더 강하고 씩씩한 사람이다. 뭐든지 행동하고 실행에 옮기는 적극적인 자세가 필요하다. 불안하고 걱정이 돼도 위험해 보이고 자신감이 없어도 용기를 내서 한 걸음 내딛는 것. 거기서부터 시작이다. 물론 꿈을 향해 나아가는 길이 쉽지만은 않을 것이다. 어떤 꿈이든 기다림과 인내가 필요하다. 실망도 있고 좌절도 있겠지만 꿈이 있는 사람은 견뎌낼 수 있다. 꿈이 꼭 직업일 필요는 없다. 더 좋은 사람이 되는 것, 오늘 하루를 더 행복하게 보내는 것, 내 마음 가는 대로 살아보는 것, 나에게 가치 있는 모든 일들이 꿈이 될 수 있다.

마음껏 꿈꿀 수 없는, 꿈꾸는 일조차 사치로 느껴지는 환경에 있는 사람이 너무나 많다는 사실을 잘 알고 있다. 하루하루의 삶을 버텨내기에도 버겁고 힘겨운 시간을 보내는 사람도 너무나 많다. 그럼에도 나는 꿈의 힘을 믿는다. 꿈이 있는 사람은 쉽게 포기하지 않는다. 꿈을 이루면 생기는 힘이 아니라 꿈을 꾸는 동안 생기는 힘이다. 나는 아직 '한국의 오프라 윈프리'는 되지 못했지만 꿈을 잃지 않고 씩씩하게 달려가다 보면 내가 그리던 모습에 조금씩 가까워지지 않을까. 그런 마음으로 나는 오늘도 하루를 48시간처럼 살고 있다. 나를 성장시켜 주고 더 큰 꿈을 꾸게 해준 나의 하루 루틴 만드는 비법을 지금부터 소개하려 한다.

*

인내와 노력은 패기와 열정보다

더 많은 일을 해낸다.

- 장 드 라퐁텐

두 번째 주문

"새벽 5시 따뜻한 차로
하루를 시작해"

오늘을 기대하게 만들어주는 모닝 루틴

잰느미온느의
타임터너

새벽 기상부터
출근까지

MBC 최종 면접이 있던 날, 예배당에 간 나는 너무 간절했던 나머지, 덜컥 이런 기도를 하고 말았다.

"합격만 하면 매일 새벽 예배 나올게요!"

대학 시절엔 열심히 새벽 예배를 나갔는데 취업 준비를 하면서 바쁘다는 핑계로 게을러져 있던 때였다. 결과 발표를 앞두고 뭐라도 해야겠다는 다급한 마음에 지키지 못할 약속을 해버린 것이다.

지극히 인간적이고 어리석은 기도였지만 감사하게도 나의 간절한 기도는 이루어졌다. 그러나 회사 생활에 적응하기 바쁘다는 핑계

두 번째 주문

로 새벽 예배에 나가겠다는 약속은 뒷전이 되었다. 그런데 공교롭게도 입사 후 처음 맡은 프로가 아침 6시에 시작하는 〈뉴스투데이〉의 한 코너를 진행하는 것이었다. 이를 위해서는 무려 새벽 4시까지 출근해야 했으니, 매일 새벽 3시에 일어나는 생활을 지속했다.

2014년부터는 〈세상을 여는 아침 이재은입니다〉(이하 세아침) 라디오 방송 디제이를 맡았다. 새벽 5시부터 7시까지 진행되는 프로그램이었다. 새벽 예배에 나가지 않은 대가인지 새벽 일복이 터진 것이다!

아침 일찍 일어나 하루를 시작하는 건 쉽지 않은 일이었다. 매일 새벽 5시 라디오 생방송을 하려면 적어도 4시에는 모든 준비를 마치고 집을 나서야 한다. 집에서 어둠을 뚫고 나올 때면 세상에 나 혼자 깨어 있는 것 같은 적막감에 서글퍼지기도 했다. 한편으론 이 새벽에 라디오를 듣는 사람들이 있을까 싶은 생각도 있었다.

그런데 방송을 시작하면서 그런 내 생각이 부끄러워졌다. 이토록 많은 사람이 깨어나서 저마다의 하루를 살고 있었다니!

목을 써야 하니 꼬박꼬박 아침밥을 챙겨 먹고, 24시간 운영하는 카페나 편의점에 들러 따뜻한 커피를 산다. 그리고 차 창문을 끝까지 내리고 좋아하는 음악을 들으며 회사로 향한다. 시원한 새벽 공기를 맞으며 달리다 보면 머리가 맑아지고 마음도 한결 차분해진다. 새벽 기상을 시작한 후 변한 내 아침 출근길이다. 그전에는 매일 아침 정신없이 일어나 아침밥은커녕 물 한잔도 못 마시고 허겁지겁 출근해 분주하게 오전 시간을 보내는 경우가 많았다. 하지만 일찍 일어나 하루를 시작하니 여유가 생겼다.

회사에 도착해 5시부터 7시까지 생방송을 하고, 간단하게 간식도 먹고, 주말용 녹음까지 다 마쳐도 아직 9시다. 남들은 이제 막 출근할 시간에 나는 벌써 많은 일을 끝냈다. 그리고 나의 하루는 그때부터 진짜 시작이다. 라디오를 진행하던 당시는 입사 이후 가장 바쁜 시기를 보내던 때였다. 새벽 라디오를 마치면 녹음을 하고, 연예 정보 프로그램인 〈섹션TV 연예통신〉 리포터를 하던 시기라 수시로 인터뷰도 나가야 했다. 스포츠 프로그램인 〈스포츠 매거진〉 역시 지방이나 야외로 촬영을 가야 하는 경우가 많아서 출장도 자주 다녔다. 저녁엔 〈생방송 오늘 저녁〉이라는 정보 프로그램 진행에, 주말엔 〈메이저리그 중계〉, 저녁엔 〈스포츠 뉴스〉, 끝나고 나면 바로 〈스포츠 매거진〉 스튜디오 녹화가 거의 자정까지 이어졌다. 토요일 하루에만 5개의 프로그램을 진행했다. 거기에 라디오 뉴스, 숙직 근무 같은 기본적인 업무까지 병행하며 몇 년간 쉴 틈 없는 주 7일 근무를 소화했다.

주변에선 그걸 다 제대로 할 수 있겠냐며 우려와 걱정의 시선도 많았지만, 신기하게도 그런 바쁜 일정이 힘들거나 버겁게 느껴진 적이 없었다. 내가 지치지 않고 달릴 수 있었던 비결은 바로 새벽 기상이었다. 바쁘게 스케줄을 소화하다 보면 사람과 일에 치이는 기분이들 때가 있는데, 새벽 기상을 하면서부터는 그런 게 사라졌다. 사람이나 일에 끌려다니지 않고 나의 하루를 주도적으로 살아낼 수 있었기 때문이다.

하루하루가 의미 없이 흘러가고 세상에 내 뜻대로 되는 일이 없는 것 같다면 새벽에 일어나보자. 이것만은 내 의지로 할 수 있는 일이다. 그리고 더 나아가 하루를 내 것으로 만드는 좋은 방법이다. 주도적으로 살아가는 하루하루가 쌓이면 내 인생 또한 내가 주도해서 꾸려 갈 수 있다.

새벽에 눈 뜨니
보이는 것들

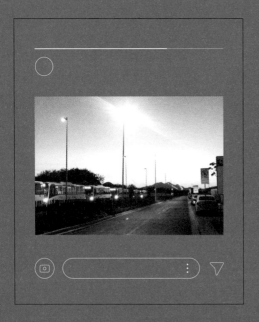

2014년 11월 16일 첫 라디오 방송을 하던 날 새벽, 처음이 늘 그렇듯 두렵고 떨리는 마음으로 회사로 향했다. 라디오 방송이라고는 음악 프로그램에 잠깐 게스트로 나가본 것이 전부였던 나는 정말 아무것도 모르는 왕초보 디제이였다. 낯선 생방송 스튜디오에 앉아 떨리는 마음으로 방송을 준비했다.

'첫인사는 어떻게 해야 할까? 사람들이 나를 반겨주지 않으면 어쩌지? 실수하면 어떡하지?'

새로운 시작이 설레기도 했지만 두려운 마음이 더 컸다.

"재은아, 괜찮아! 잘할 수 있어! 파이팅!"

옆에서 방송 준비를 하던 피디 선배가 아무리 응원을 해줘도 떨리는 마음은 쉽게 진정되지 않았다. 드디어 'On air' 사인에 불이 들어오고 대망의 첫 방송이 시작됐다.

"안녕하세요! 세상을 여는 아침, 이재은입니다."

인사 한마디 내뱉는 것조차 힘들었다. 그날 방송은 말 그대로 방송사고 수준이었다.

'아니 아나운서 맞아요? 진행이 왜 이래?'

'목소리에 힘 좀 빼고 편안하게 진행하세요. 듣는 제가 다 떨리네요.'

'힘내세요! 응원할게요!'

청취자들이 실시간으로 보내온 문자와 메시지는 응원 반, 비난 반이었다. 덜덜 떨리는 목소리로 무슨 말을 했는지도 모르게 두 시간이 훌쩍 지나가버렸다. 보이는 라디오 방송이 아니었던 게 얼마나 다행이었는지…. 클로징 멘트를 마치고 나오는 내 얼굴은 하얗게 질려 있었고 금방이라도 눈물이 떨어질 것 같았다. 두 시간짜리 생방송을 오롯이 내 목소리로 이끌어나간다는 건 생각했던 것보다 훨씬 더 어려운 일이었다.

진행도 진행이지만 그동안 했던 방송과는 달리 정해진 대본이 아닌 나의 이야기를 해야 한다는 점이 가장 어려웠다. 청취자들의 문자와 사연에 대해 내 느낌과 생각을 바로 전해야 하는데 이제 막

사회생활을 시작한 초보 디제이인 나에겐 너무나 어려운 일이었다. 은퇴하고 제2의 인생을 시작한다는 아버지 또래의 애청자 사연, 이른 아침 모유 수유를 하면서 듣고 있다는 아이 엄마의 문자에 내가 무슨 말을 할 수 있었겠는가. 정말 많은 경험과 내공이 필요한 일이었다. 아직 인생 경험이 부족한 내가 할 수 있는 일이라곤 그저 들어주고 공감하고 응원해주는 것뿐이었다. 방송을 하면 할수록 나의 부족함을 절감했고 부끄러웠다.

그나마 다행인 건 그때도 지금도 라디오는 참 따뜻한 매체라는 사실이다. 어설프고 부족한 모습조차 청취자들은 진심으로 아껴 주고 응원해줬다. 나는 '잰디'(재은 + 디제이)라는 애칭으로 불렸는데, '세아침 가족'들은 내가 뭘 하든 진짜 가족처럼 든든하게 지지해줬다. 아무리 실수를 해도 "우리 잰디 잘한다, 최고다!" 응원해준 덕분에 말 한마디 제대로 못하던 초보 디제이는 무럭무럭 자라났다. 점점 방송을 통해 나의 진짜 모습을 보여줄 수 있게 됐고, 나의 마음과 진심을 전할 수 있었다.

라디오는 정말 신기할 만큼 정직하고 진실한 매체다. 목소리만으로도 마치 거울처럼 나의 모습을 있는 그대로 보여준다. 말투, 웃음소리, 표정, 생각, 그날의 기분까지도 고스란히 듣는 사람에게 전해진다. 아무리 멋있는 말을 해도 진짜 나의 말이 아니면 단번에 티가 난다. 나의 목소리로 진짜 나의 이야기를 해야 한다. 방송 중간중간 튀어나오는 꾸밈없는 호탕한 웃음소리, 사소한 말투 하나까지도 전부 나다워야 한다. 그리고 그런 모습을 평가하거나 판단하지 않고 있는 그대로 사랑해줬던 청취자들 덕분에 새벽을 여는 기쁨을 4년이나 누릴 수 있었다.

무엇보다 감사한 건 새벽 방송을 통해 나도 몰랐던 가장 나다운 모습을, 진짜 내 목소리를 찾을 수 있었다는 점이다. 꾸미지 않고 진짜 내가 되자 자연스럽게 사람들과 소통할 수 있게 되었다. 먼저 나다움을 찾아야 다른 사람과도 좋은 관계를 맺을 수 있다는 것을 청취자들에게 배웠다. 그리고 이 방송을 진행하며 새벽의 맛을 알게 된 것 역시 큰 선물이었다.

새벽에
깨어 있는 사람들

매일 새벽 눈을 떠서 문밖을 나설 수 있었던 것은 그 새벽에 함께 깨어 있는 청취자들 덕분이었다. 첫차를 타고 일터에 나가는 사람들, 그 누구보다 부지런하게 하루를 시작하는 버스 기사님들, 독서실로 향하는 수험생들, 장사 준비로 분주한 사장님들, 이른 새벽부터 빵을 만들며 라디오를 듣는 제빵사 분들까지. 매일 새벽, 생방송으로 다양한 사람들의 이야기를 듣고, 전하고, 서로의 생각을 나누었다. 라디오를 통해 들려주는 〈세아침〉 가족들의 이야기는 컴컴한 새벽 한 줄기 밝은 햇살 같았다. 누구보다 빨리 깨어나 각자의 자리에서 이미 하루를 멋지게 살아내고 있는 사람들의 이야기는 세상 어디에서도 얻지 못할 귀한 배움이자 자극제였다.

그중에서도 내가 제일 아끼고 사랑했던 건 수험생과 취준생들의 이야기였다. 내가 그 시기를 지나온 경험이 있어서인지 사연 하나하나에 더 공감이 되고 애틋한 마음이 들었다. 공부하느라 밤을 새우면서 라디오를 듣고 있는 취준생들, 아침 일찍 일어나서 학교나 독서실로 향하는 수험생들, 앞이 보이지 않아 막막한 하루하루를 열심히 버티고 견뎌내고 있는 친구들을 보며 나도 더 힘을 내야겠다고 생각했다. 특히 중간고사, 기말고사, 모의고사, 수능이나 공무원 시험 등 각종 시험이 있는 날엔 수험생들의 사연과 문자메시지가 쇄도했다.

'저 오늘부터 중간고사 시작이에요! 시험 잘 보고 인증 문자 보낼게요!'

'오늘 최종 면접인데, 꼭 합격하고 올게요!'

'열심히 공부한 만큼 좋은 결과 있도록 응원해주세요!'

방송 시간이 정해져 있다 보니 그 많은 사연을 전부 다 소개하지 못해 늘 아쉽고 미안한 마음이었다. 수능시험을 앞두고는 며칠 동안 수험생 특집 방송까지 할 정도였다. 전국 각지에서 전해지는 수험생들의 이야기는 서로가 서로에게 전하는 응원과 격려였다. 그리고 정말 신기하게도 매일같이 반가운 합격 소식도 쏟아졌다. 거짓말 같지만 정말 영화나 드라마에서나 볼 법한 극적인 합격 사연이 많았다.

어느새 〈세아침〉은 청취자들 사이에서 '합격 성지'로 불리게 됐다. 누구보다 먼저, 부지런하게 책상 앞에 앉아서 열심히 하루를 살아내는 사람들이 모이는데 합격 성지가 되는 건 어쩌면 너무나 당연한 일이었다. 지금도 종종 SNS 메시지를 통해 당시 〈세아침〉을 듣던 학생들이 이제는 대학생이 됐다거나 취직을 해서 일하고 있다는 소식이 들려오면 무척 반갑고 기쁘다.

일찍 일어난 사람이
원하는 걸 얻는 이유

········   저마다의 자리에서 성과를 이루어내는 사람들을 새벽 방송을 하며 참 많이 만났다. 왜 성공한 사람들에 관한 책마다 새벽 기상을 강조하는지 알 것 같았다. 물론 일찍 일어난다고 해서 다 (세속적인) 성공을 하는 것은 아니지만 남보다 더 일찍 하루를 시작하고 끝내 자신이 원하는 바를 이루는 사람들이야말로 진짜 성공한 사람이 아닐까. 하루하루를 활기차게 살아가는 이들의 이야기를 듣다 보니 몇 가지 공통된 특징이 보였다.

첫째, 이들은 자기 자신을 다스릴 줄 안다. 그들은 게으름, 나약함 등의 단어와는 거리가 멀다. 시간이 부족하다거나 환경이 어려워서 등의 핑계를 대지 않는다. 주어진 상황과 환경은 어려울지라도 자신의 한계를 뛰어넘어 매일매일 최선의 결과를 만들어낸다.

둘째, 이들은 행동한다. 생각만 하거나 기다리기만 하지 않는다. 무슨 일이든 적극적으로 뛰어든다. 목표를 세우고, 작은 일부터 차근차근 실천하고 노력한다.

셋째, 이들은 계속 발전한다. 아침에 허겁지겁 쫓기듯 시작하지 않고 저녁엔 쓸데없는 곳에 에너지를 낭비하지 않는다. 자기 관리를 철저히 하고 자기계발을 위해 시간을 투자한다. 하나라도 더 많이 배우고 더 많이 시도하고 노력한다. 그러니 그 자리에 멈춰 있지 않고 늘 조금씩이라도 앞으로 나아간다.

마지막으로 새벽을 여는 사람들은 밝고 긍정적이다. 일상은 바쁘고 분주해도 마음은 늘 여유롭다. 그래서인지 말 한마디도 친절하고 따뜻하다. 5년 동안 새벽 라디오를 통해 만났던 사람들은 정직하고 긍정적이고, 그래서 닮고 싶고 존경스러운 멋진 사람들이었다. 각자의 자리에서 주어진 하루를 좀 더 주도적이고 열정적으로 보내는 사람들이었다. 한 사람 한 사람이 모두 빛이 났다. 그것이 바로 새벽의 힘이라는 생각이 들었다. 그들과 함께 수없이 많은 아침을 맞으며 나도 점점 변해가기 시작했다. 내가 잠들어 있던 시간에 세상은 이미 깨어 있었다는 사실을 새삼스레 실감하면서 그동안 내가 아주 중요한 무언가를 놓치고 살았다는 생각이 들었다. 나는 그렇게 벅찬 하루를 살아본 적이 있던가.

바로 이때부터다. 처음엔 자의 반 타의 반으로 시작한 새벽 기상 이었지만 시간이 지날수록 이른 새벽에만 느낄 수 있는 기쁨과 매력을 알게 됐다. 그래서 더 이상 새벽 근무를 하지 않는 지금까지도 새벽 기상의 습관을 이어가고 있다. 대체 새벽에 일어나면 뭐가 그렇게 좋기에? 지금부터 그 이야기를 차근차근 풀어가보려 한다.

이른 아침은 입에 황금을 물고 있다

― 벤자민 프랭클린

무기력은 이제 안녕,
내 하루는 내가 주도한다

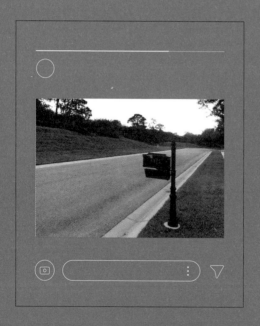

       그렇게 바쁜 일정을 소화하면서 체력 관리는 어떻게 하느냐는 질문을 종종 받는다. 사실 나도 처음부터 체력이 좋았던 건 아니다. 집에 오면 거의 대부분의 시간을 침대에서 보낼 만큼 저질 체력이었던 시절이 있었다. 아무것도 하기 싫고 무기력해 한 가지 일에 집중하는 것조차 어려웠다. 그냥 만사가 다 귀찮을 때도 많았다.

    그런데 새벽에 일어나 하루를 시작한 이후부터 완전히 달라졌다. 일찍 일어나 규칙적으로 생활하다 보니 자연스럽게 체력이 좋아졌다. 잠도 더 푹 자고 피로도 풀리고 하루를 살아낼 에너지가 저절로 충전되는 기분이었다.

새벽 기상을 추천하는 가장 큰 이유 중에 하나가 바로 여기에 있다. 잃어버린 열정과 에너지, 체력을 찾고 싶다면 새벽 기상을 강력 추천한다. 규칙적인 생활만으로도 몸과 마음이 건강해지는 것을 느낄 수 있다. 여기에 운동까지 꾸준히 병행하면 더없이 완벽하다. 정신도 맑아지고 열정과 에너지가 샘솟는다. 처음엔 당연히 힘들겠지만 꾸준히 나를 단련하다 보면 세상이 감당할 수 없는 지치지 않는 에너지와 창조적인 능력이 솟아나는 아침을 맞이하게 될 것이다. 무기력하게 지쳐 있던 과거의 나와는 영원히 안녕이다.

안 풀리던 일도
해결되는 새벽의 마법

········   온종일 분주하게 지내다 보면 이런저런 방해로 한 가지 일에 온전히 몰입하기 어렵다. 특히 밤늦게까지 업무를 붙잡고 있다 보면 방해 요소가 너무 많다. 잠깐 쉬었다 해야지 하는 마음으로 들어간 SNS나 유튜브에서 굳이 안 봐도 되는 다양한 내용의 피드나 영상에 한참 빠져들게 된다. 잠깐 기분 전환하려다 정신을 차려보면 어느새 늦은 밤이 되어 있거나, '잠깐 눈 좀 붙이고 일어나서 다시 해야지' 하다가 온 집 안에 불을 다 켜놓고 잠드는 경우

처럼 허무하게 시간을 흘려보내 후회했던 경험이 다들 있지 않을까. 30분이면 끝날 일을 몇 시간이나 붙들고 있는 경우도 많다.

그런 사람들에게 새벽 기상을 강력 추천한다. 머리가 가장 맑고 깨끗한 아침에 집중하면 막혔던 일도 금세 해결할 수 있다. 그 누구에게도 그 무엇에도 방해받지 않는 고요한 아침은 무언가에 온전히 몰입할 수 있는 시간이다. 실제로 아침 시간을 활용해 본 사람들은 그 어느 때보다 능률이 오르는 경험을 해봤을 것이다. 아침엔 머리가 맑아지고 방해 요소도 적고 의지도 강해 집중력이 높아진다. 당연히 공부나 업무 효율이 높아진다.

학교 다닐 때부터 나는 밤보다 주로 아침 일찍 일어나서 공부하는 습관이 있었다. 저녁을 먹고 자리에 앉아서 공부하려고 하면 한 시간도 안 돼 꾸벅꾸벅 졸았다. 풀던 문제를 풀고 또 풀어도 진도가 전혀 나가지 않았다. 그런 내 모습을 보고 아버지는 저녁엔 잠을 푹 자고 아침 공부를 해보라고 권했다. 그렇게 시작한 아침 공부는 생각보다 훨씬 효과가 좋았다. 저녁엔 오랫동안 붙잡고 있었던 문제도 금세 풀어낼 만큼 집중이 잘되고 머리도 잘 돌아갔다. 중요한 중계나 방송이 있을 때도 아침에 일찍 일어나서 준비하면 훨씬 몰입이 잘됐다.

새벽 기상은 세계 어디에 있든 계속했다. 올림픽 같은 해외 출장을 가서도 항상 새벽에 일어나서 하루를 준비했다. 낯선 장소에 시차도 다르지만 신기하게 이른 아침 집중과 몰입의 힘은 어디든 같았다. 2016년 지구 반대편에서 열렸던 리우 올림픽 때도, 2018년 강원도 평창에서도 항상 1등으로 출근했다. 아무도 없는 컴컴한 국제 방송센터 사무실 문을 가장 먼저 열고 들어가 하루를 준비했다. 아무도 없는 조용한 사무실에서 공부를 하다 보면 '내 머리가 이렇게 좋았나?' 착각이 들 정도로 이해가 쏙쏙 되고 암기도 잘됐다.

지금도 중요한 일은 꼭 새벽에 일어나서 하는 습관이 있다. 중요한 업무나 방송이 있을 땐 머리가 가장 맑은 아침 시간을 활용한다. 새벽에 일어나면 막혔던 일들도 순조롭게 술술 풀어나갈 수 있다.

사람의 운명은

새벽에 무엇을 하냐에따라 결정된다.

- 정주영

새벽은 도전하기
참 좋은 시간

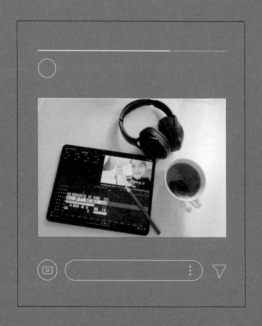

　　사실 바쁜 일상에 치여 사는 직장인들에게 새로운 일을 시작하는 건 쉽지 않은 일이다. 마음은 굴뚝 같지만 막상 시도하려면 수많은 고민과 걱정을 거쳐 결국 포기에 이르는 경우가 정말 많다. 시작조차 해보지 못하고 단념하는 거다. 나 역시 마찬가지였다.

　　메인 뉴스인 〈뉴스데스크〉를 맡게 되면서부터는 개인 시간을 갖는 게 어려워졌다. 아침 9시에 출근해서 종일 회의와 뉴스 준비를 하고, 10시가 다 되어서야 퇴근을 하는 일정이 계속되면서 나만의 시간을 갖는 게 물리적으로 어려웠다. 모든 시간과 에너지를 뉴스에만 쏟다 보니 마음의 여유도 없어지고 말 그대로 하루하루를 살아내는 데에만 급급했다. 온종일 바쁘게 일하고 퇴근을 하고 나면 다른 일을 할 엄두도, 하고 싶은 생각도 들지 않았다.

한편으로는 반복되는 일상 때문에 늘 같은 자리에 계속 멈춰 있는 것 같아 불안한 마음이 들기도 했다. 계속 성장하지 않으면 안 된다는 생각에 조급해졌고, 게다가 늘 무언가 알 수 없는 갈망이 내 안에서 꿈틀댔다.

'이대로는 안 되겠다! 뭐라도 해보자!'

대부분의 직장인이 비슷한 하루를 보낸다. 아침부터 저녁까지 업무에 매여 있고 주말에는 에너지를 충전하느라 누워만 있기 일쑤다. 주말을 이용해 뭔가를 한다고 해도 어떤 성과를 얻기가 힘들뿐더러 지속하기도 힘들다. 그렇다면 남은 선택지는 잠을 줄여 아침 시간을 확보하는 것뿐이었다.

그래서 시작한 게 매일 아침 '나를 위한 시간' 보내기다. 사실 대단하거나 거창한 건 없다. 평소보다 조금 일찍 일어나서 시간을 쪼개 내가 하고 싶은 일을 조금씩 해나가는 게 전부다. 그렇지만 효과는 확실하다. 그럼 새벽에 일어나서 대체 뭘 하면 좋을까?

커리어에 도움이 되는
자기계발의 시간

....   오늘 눈앞에 닥친 일을 처리하는 데만 급급하다 보면 일을 하고 있는데도 멈춰 있거나 도태된 듯한 느낌이 들 때가 있다. 장기적으로 커리어를 쌓기 위해서는 그 외의 공부가 필요한데 시간은 턱없이 모자라다. 이럴 때는 조금이라도 일찍 일어나서 시간을 확보하는 걸 권한다. 업무에 직접적인 관련이 있는 공부뿐 아니라 좀 더 확장해 나의 능력을 키우는 기회로 삼으면 좋다.

나의 경우 바쁘게 일할수록 공부에 대한 갈증이 더욱 심해졌다. 어떤 일이든 어떤 방송이든 더 깊이 몰입하다 보면 한없이 부족한 나와 마주하게 되기 때문이다.

처음 본격적으로 스포츠 중계를 하게 되었을 때다. 그토록 하고 싶었던 방송을 하게 되었다는 기쁨은 둘째 치고, 일단 공부할 게 너무 많았다. 심지어 야구 같은 기록 스포츠들은 내가 태어나기도 훨씬 전부터 시작됐기 때문에 그 긴 역사와 기록들을 어떻게 다 따라가야 할지 높은 벽에 가로막힌 기분이 들 때가 많았다. 그저 팬의 입장에서 경기를 즐기는 것과는 차원이 다른 일이었다. 중계를 하다 보면 위원님들의 사소한 농담에 나 혼자 웃지 못하는 경우도 많았고, 그럴 때마다 쥐구멍에 숨고 싶을 만큼 부끄러웠다. 망망대해 한가운데 혼자 서 있는 기분이었다.

어디서부터 해야 할지조차 막막했지만 일단 시작해보기로 했다. 당연히 하루아침에 되는 일은 아니다. 매일 조금씩 천천히 느리더라도 꾸준하게 나아가는 게 나의 목표였다. 물론 지금도 완벽하게 정복하지는 못했지만 적어도 노력한 만큼의 성과는 확실히 느낄 수 있었다.

일과 관련된 공부뿐 아니라 평소 하고 싶었던 공부도 시작했다. 그중에 하나는 영어 공부다. 스포츠 방송을 맡은 동안에는 출장도 잦았고 영어로 인터뷰를 해야 할 일이 매우 많았다. 그래서 개인적으로 영어 선생님과 일주일에 한두 번은 공부를 했었는데, 뉴스를 하면서부터는 종일 뉴스 준비하는 것만으로도 벅차다 보니 이마저도 더 이상 하기 어려워졌다. 영어는 조금만 손을 놓아도 금방 감이 떨어지기 때문에 조금씩이라도 꾸준히 해야 하는데 그나마 아는 것도 잊어버릴까 걱정이 됐다.

그래서 아침마다 조금씩이라도 영어 공부를 시작했다. 좋아하는 책을 원서로 읽거나 좋아하는 드라마나 영화를 반복해보면서 섀도잉(따라 읽기)을 하거나 필요한 표현을 적고 암기하는 식이다. 거창하진 않지만 좋아하는 영화를 여러 번 반복해 보는 것만으로도 실제로 매우 도움이 된다. 영어 신문도 읽기 시작했다. 영어 공부를 하는 동시에 오늘 뉴스에 대해 공부도 하고, 그야말로 일석이조다.

미래의 가능성을 열어주는
도전의 시간

········   여력이 된다면 도전할 거리를 찾아보자. 성취
감도 느낄 수 있다. 아침은 꿈을 꾸고 미래를 위해 투자하는 시간이
다. 내가 나아갈 다음 무대를 준비하는 시간이다. 내가 즐겁게 할 수
있는 일, 설레는 일들을 목적으로 삼으면 아침에 일어나는 게 더 없
이 즐거워진다.

나 역시 아침 시간을 이용해 새로운 활력을 줄 수 있는 일들에
도전해보기로 했다. 그래서 시작한 게 바로 유튜브다. 처음엔 회사
에서 운영하는 유튜브 채널에 참여하다가 개인 채널까지 열게 됐다.
시간을 쪼개서 틈틈이 나의 일상을 카메라로 담고 직접 편집도 했다.

내가 만든 영상을 통해 더 많은 사람과 소통하는 시간은 확실히
새로운 에너지가 되었다. 영상을 통해 내 일상을 객관적으로 들여
다보면서 더 열심히 살아야겠다는 자극을 얻기도 한다. 매일 일기를
쓰듯 쌓아가는 하루하루의 기록은 나 자신을 돌아보고 삶을 정비하
는 기회가 되어주었다. 새로운 일을 시작하는 건 언제나 설레는 일
이다. 무엇보다 아침을 설레는 일로 시작하면 일어나는 것도 힘들지
않고 심지어 즐거울 수 있다.

그동안 마음만 먹고 시도조차 해보지 못했던 일들을 과감하게
시도해보자. 가볍게 평소 읽고 싶었던 책을 읽는다거나 자격증이나

영어 공부도 좋고, 운동을 하는 것도 좋다. '근력 운동 열심히 해서 바디 프로필 찍기', '새벽 독서로 책 100권 읽기', '자격증 시험 합격하기'처럼 목표도 세워보자. 부캐(부캐릭터) 시대에 발맞춰 나만의 부캐를 만들어보는 것도 좋은 방법이다. 누구에게도 방해받지 않는 아침 시간, 내 안에 숨어 있던 새로운 나를 찾고 꿈을 펼쳐보자. 어떤 압박이나 부담도 없이 그저 내가 좋아하는 일을 하는 게 중요하다. 거창하지 않아도 즐겁게 할 수 있는 일을 통해 나의 가능성을 발견하고 새로운 꿈을 꾸는 시간으로 만들어보자.

일에 치여 이리저리 휘둘리다가 나 자신을 잃어버린 것처럼 느껴진다면 하루 한 시간만이라도 내가 좋아하는 일, 내가 하고 싶은 일에 투자해보면 좋겠다. 매일 아침 도전의 시간을 통해 인생의 터닝포인트를 만들어보길 바란다.

*

JANN'S NOTE

오 나의 용감한 영혼이여.

오 더 멀리, 더 멀리 항해하라!

— 월트 휘트먼

즐겁게 눈뜨는
나만의 모닝 루틴 만들기

'저녁 늦게 퇴근하고 아침에 일찍 일어나는 게 힘들지 않느냐'는 질문을 종종 받는다. 당연히 힘들다. 하지만 잠깐의 고통을 이겨내면 엄청난 만족감과 성취감을 느낄 수 있다. 아침에 일찍 일어나는 사람들이라면 누구나 느껴봤을 기쁨이다. 처음엔 힘들지만 하루하루 몸과 마음을 다잡고 한 발만 떼면 된다. 그렇게 꾸준히 나아가다 보면 어느새 습관이 된다.

저절로 눈이 떠지고 몸이 움직여지는 습관이 되기까지는 당연히 시간이 걸린다. 매일 꾸준하게 차근차근 나아가야 한다. 그 누구에게도 그 무엇의 방해도 받지 않는 조용한 아침에 누리는 여유는 삶의 질을 확실히 높여 준다. 자연스럽게 업무의 질 역시 눈에 띄게 올라간다. 그 성취감이 쌓여서 생활의 활력이 되고 새로운 도전을 향한 밑거름이 되어준다.

먼저 매일 즐겁게 일어날 수 있는 나만의 모닝 루틴을 만들어보면 좋다. 아침에 일찍 일어나야 한다는 강박이나 압박감보다는 좀 더 신나게 가벼운 마음으로 눈을 뜰 수 있는 방법을 찾아보는 것이다. 전날 밤부터 다음 날 새벽에 일어나서까지 내가 매일 따르는 루틴을 소개한다. 하루를 상쾌하게 시작하는 데 도움이 될 것이다.

일어나서 할 일을
준비해둔다

········· 아무 목적도 없이 아침 일찍 일어나는 일은 고역이다. 그렇기 때문에 기쁜 마음으로 벌떡 이불을 박차고 일어날 수 있는 확실한 목표를 만들어두면 도움이 된다. 전날 밤 잠들기 전에 아침에 일어나서 어떤 일을 할 것인지 머릿속으로 그려보자. 줄넘기 100번 하기, 책 몇 페이지까지 읽기, 과제를 어디까지 끝내기처럼, 되도록 구체적인 목표를 세우는 게 좋다.

아침에 일어나서 마실 향기로운 차나 신선한 커피를 미리 골라 놓고 함께 먹을 달달한 간식거리를 준비해놓거나 좋아하는 음악을 모닝콜로 준비하는 것도 좋다. 혹은 하고 싶었던 공부나 읽고 싶었던 책을 책상 위에 올려놓는다. 어떤 걸 해야 할지 막막할 때는 아침에 일어나서 하고 싶은 일을 노트에 쭉 적어보는 것을 추천한다. 그리고 침대에 누워 다음 날 아침 나의 모습을 구체적으로 상상해본다.

알람은
딱 하나만 맞춘다

········   새벽 라디오를 진행하던 때는 매일 밤 알람을 열 개씩 맞춰야 잠이 왔다. 하나만 맞춰놓으면 알람 소리를 듣지 못할까봐 불안했다. 그런데 그게 문제였다. 정작 아침이 되면 알람이 다 울리고 나서야 일어날 수 있었다. 첫 번째 알람이 울리면 '두 번째 알람이 울릴 때까지만 더 자자.' 두 번째 알람이 울리면 '세 번째까지만 더 자자.' 하면서 알람이 다 울릴 때까지 제대로 쉬지도 못하고 결국 일어나지도 못하는 최악의 상황이 반복됐다.

그러다 보니 다양한 악몽을 일상처럼 꾸곤 했다. 알람 소리를 못들어서 늦잠을 자는 꿈, 나도 모르는 사이 알람이 저절로 꺼져서 지각하는 꿈, 방송 시간이 다 됐는데 스튜디오로 가는 길을 잃어버려서 헤매는 꿈, 힘들게 마이크 앞에 앉았는데 아무리 말을 해도 목소리가 안 나오는 꿈까지 생각만 해도 고통스러운 악몽에 시달렸다.

그래서 지금은 알람을 딱 하나만 맞춰놓는다. 더 이상 물러설 곳이 없게 만드는 거다. 알람 소리를 듣고 벌떡 일어나든지 아니면 그렇게 계속 잠을 자든지 둘 중 하나다. 그렇게 습관을 들이다 보니 지금은 알람이 울리기도 전에 저절로 눈이 떠진다. 스스로 일어나는 그 상쾌함은 이루 말할 수 없다.

곧바로 이불을 정리한다

일어나자마자 바로 이불을 정리하는 것도 잠을 깨우는 방법 중에 하나다. 동생의 추천으로 한 때 인터넷에서 화제가 됐던 동영상을 보게 됐다. 미국의 해군제독이었던 윌리엄 맥레이븐이 모교인 텍사스 대학 졸업식에서 했던 축사 내용이었다(《침대부터 정리하라》라는 책으로도 출간되었다).

"세상을 바꾸고 싶다면 침대부터 정리하십시오. 매일 아침 침대를 정리한다면 여러분은 이미 그날의 첫 번째 임무를 완수한 것입니다. 그 일은 얼마간의 자부심과 함께 다른 업무도, 또 다른 업무도 해낼 수 있다는 용기를 북돋아줄 것입니다. 하루가 끝날 즈음, 그렇게 완수된 하나의 임무는 다른 수많은 임무의 완수로 바뀌어 있을 것입니다. 침대를 정리하는 일은 삶의 작은 일들이 실은 얼마나 중요한 일인지도 가르쳐줄 것입니다. 작은 일조차 제대로 해내지 못한다면 큰일은 더더욱 제대로 해낼 수 없습니다."

'이불 정리는 뭐 하러 하나 어차피 저녁에 와서 다시 잘 건데'라고 생각했던 나의 뒤통수를 제대로 강타하는 메시지였다. 이불 정리 같은 사소한 일도 제대로 하지 않는 내가 무슨 일을 할 수 있겠는가! 그날부터 아침에 일어나자마자 가장 먼저 이불 정리를 시작했다. 정말 작고 사소한 행동 하나로 신기할 만큼 성취감과 만족감을 느낄 수 있었다. 이불 정리가 제대로 되어 있지 않으면 다시 눕고 싶은 유혹에 넘어가기도 쉽다. 매일 아침 잠자리를 정돈하는 것은 이제 나에게 '일어났다'는 암시를 주는 행위가 된 것이다.

따뜻한 차 한잔으로
정신을 깨운다

나는 일어나면 가장 먼저 세수를 하고 따뜻한 차 한잔을 마신다. 과일청을 좋아해 냉장고 한 칸에 과일청을 종류별로 쟁여놓는다. 모과차, 유자차, 생강차, 대추차, 레몬청 등 그날 기분에 따라 달콤하고 따뜻한 차 한잔으로 정신을 깨운다. 개인적으로 나는 모과차를 가장 좋아한다. 새콤달콤한 모과차 한 모금이면 잠이 확 달아난다.

경건의 시간으로
마음 밭을 다진다

………   잠이 달아났다면 책상에 앉아 오늘 하루를 준비한다. 가장 먼저 QT(Quiet Time, 경건의 시간)를 한다. 새로운 하루를 시작하게 하심을, 오늘도 새롭게 뛸 수 있는 기회를 주심에 감사하는 시간이다.

아침의 평화와 고요함을 온전히 누리며 어지러운 마음을 정돈한다. 《미라클 모닝》처럼 아침 기상의 실천을 강조하는 수많은 사람이 아침 명상 시간을 굉장히 중요한 루틴으로 소개한다. 그만큼 아침에 마음 밭을 다지는 시간은 하루를 시작하기 전 필수 단계다.

감사일기를 쓴다

………   아침에 쓰는 일기는 오늘 하루에 대한 기대감과 열정을 불러일으킨다. 지난 하루 감사했던 일들, 오늘 하루를 시

작하기 전 다짐들을 하나둘씩 적어간다. 일단 매일 아침 무언가를 쓰는 것만으로도 동기부여가 된다.

　무엇보다 중요한 건 성실함과 꾸준함이다. 한 번에 무언가를 이루려는 조급한 마음을 버려야 한다. 철저한 계획과 루틴에 따라 하루하루를 쌓아가자. 만약 오늘 계획한 대로 살지 못했다고 하더라도 절대 불안해하지 말자. 당장 내 삶에 드라마틱한 변화가 없다고 해도 포기하지 말자. 묵직하게 꾸준하게 그리고 정직하게 한 걸음씩 걸어가자.

세 번째 주문

"내일의 나는
오늘의 내가 만드는 거야"

나의 일상을 특별하게 만들어주는 것들

잰느미온느의
타임터너

출근 이후
스케줄 짜기

2018년 7월 〈뉴스데스크〉 새로운 앵커를 뽑는 오디션이 열리고 얼마 뒤 놀라운 소식이 전해졌다.

"이재은 아나운서가 새 앵커로 정해졌어요!"

주변에서 축하와 응원의 메시지가 쏟아졌다. 제대로 뉴스를 해본 적도 없을 뿐 아니라 실력도 아직 많이 부족했다. 하지만 늘 그랬듯 자신감만큼은 1등이었다. '최선을 다해 열심히 하는 건 누구보다 잘할 수 있어!'라는 마음으로 보도국에 출근을 시작했다.

〈뉴스데스크〉는 저녁 늦게 방송되지만 나는 계속 아침 일찍 출근하기로 했다. 저녁 늦게 퇴근한다는 이유로 늦잠을 자고 오후에 출근하다 보면 그동안 쌓아온 나만의 루틴이 깨질 것 같았기 때문이다. 아침 일찍 일어나서 분주하게 몸을 움직이지 않으면 기분이 처지고 체력이 떨어지는 게 느껴졌다. 그만큼 업무 효율도 떨어졌다.

물론 오전 10시에 하는 뉴스 편집 회의에 참석하기 위한 목적도 있다. 오전 회의 시간엔 각 부서 팀장님들이 오늘 뉴스를 채우게 될 아이템들을 소개하고 취재 상황에 대해 설명해준다. 그 시간에 전해 듣는 내용을 바탕으로 공부를 하면서 뉴스를 준비하고 멘트를 작성한다. 오늘 하루 무엇을 어떻게 공부해야 할지 길잡이가 되어주는 아주 중요한 시간이기도 하다. 그래서 오전 회의에 참석했을 때와 그렇지 않았을 때 뉴스를 준비하는 과정에서 확실히 차이가 있다. 수업을 듣고 자율학습을 하는 것과 처음부터 독학을 하는 것이 다르듯이 말이다. 그렇기 때문에 특별한 일이 없으면 일찍 출근해서 오전 회의에 꼭 참석하려고 노력한다.

오전 회의가 끝나고 나면 신문을 읽으며 오늘 하루의 뉴스를 공부한다. 점심을 먹고 오후 2시가 되면 본격적인 뉴스 준비가 시작된다. 오후 회의에서는 오전 회의 이후 추가되는 아이템과 빠지는 아이템들이 정리된다. 그러고 나면 대략적인 오늘 뉴스의 큐시트가 완성된다. 이제부터 할 일은 큐시트를 보며 내가 맡아서 전하게 될 기

사를 확인하고 그 기사들을 중심으로 좀 더 깊이 있게 공부하는 것
이다. 관련해서 신문 스크랩을 완성하고 좀 더 다양한 기사들을 찾
아본다. 같은 사건도 다른 시각으로 보도를 하거나 보도의 깊이가
다른 경우들이 많다. 그렇게 최대한 다양한 기사를 찾아보고 읽고
공부하고 나의 말로 정리한다.

그렇게 공부를 하다 보면 어느덧 오후 4시, 의상 피팅 시간이 다
가온다. 의상을 고를 때는 되도록 깔끔하고 무엇보다 나에게 가장
잘 어울리는 스타일과 색상을 선택한다. 개인적으로 나는 하얀색 옷
을 좋아한다. 제일 중요한 건 옷이 편해야 한다는 것이다. 옷이 불편
하면 뉴스를 하는 내내 신경이 쓰이기 때문이다. 아무리 예쁜 옷도
내 몸에 잘 맞지 않으면 과감히 포기한다.

의상을 입고 나면 분장실에 가서 메이크업을 받는다. 메이크업
역시 최대한 깔끔하게, 헤어스타일은 그날 의상에 어울리게 완성한
다. 전문가들의 손길을 거치고 나면 방송 준비 끝! 전쟁터에 나가기
전 갑옷을 갖춰 입는 것처럼 든든한 기분이 든다.

분장을 마치고 나면 저녁 시간이 된다. 저녁을 따로 먹으러 나갈
시간이 없어서 주로 도시락을 먹는다. 방송 전에 음식을 먹지 않는
사람들도 있는데 나는 저녁을 안 먹으면 힘이 안난다.

저녁을 빠르게 먹고 나면 뉴스 준비가 막바지에 이른다. 마지막
으로 앵커멘트를 정리한다. 아이템에 따라서 앵커멘트에 CG가 필

요한 경우엔 피디들과 상의해서 멘트와 동선을 정한다. 동영상이 나가는 경우엔 멘트와 영상의 길이, 순서 등이 잘 맞아야 하기 때문에 역시 끊임없이 상의한다. 뉴스 역시 팀워크가 중요하다.

계속 앵커멘트를 점검한다. 짧으면 20초 길면 30초 정도인 멘트인데 봐도 봐도 끝이 없다. 뉴스 시간에 임박해서도 고칠 게 보이지만 일단 스튜디오로 향한다. 마이크를 달고 나서도 스튜디오 안에 있는 대기실 컴퓨터 앞에 앉아서 계속 멘트를 고친다. 같이 진행하는 왕종명 앵커가 첫 블록을 진행하는 동안에도 멘트를 다듬고 읽고 연습한다. 그렇게 해도 뉴스가 끝나면 꼭 아쉬움이 남는다. 최대한 내 입에 맞게 자연스럽게 프롬프터가 없어도 가능할 정도로 입에 익힌다. 드디어 내 차례가 되면 데스크 앞에 앉는다. 하루 종일 준비한 모든 것을 쏟아낼 차례다. 이 순간을 위해 오늘도 숨 가쁘게 달려왔다.

카메라에 불이 들어오고 큐 사인이 떨어지면 드디어 시작이다.

"다음 소식입니다."

흘러가는 시간을
붙잡고 싶다면

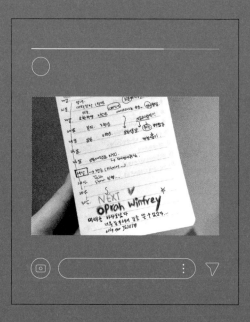

얼마 전 방 청소를 하다가 우연히 수첩 하나를 발견했다. 수능을 앞두고 있던 고3 수험생 시절, 내 인생 목표와 꿈들을 빼곡하게 적어놓은 노트였다. 맨 앞장에 매우 크고 두꺼운 글씨로 '한국의 오프라 윈프리'라고 적혀 있는 노트엔 "미래를 바라보았다. 너무 눈부셔서 눈을 뜰 수 없었다."라는 오프라 윈프리의 명언과 함께 꿈을 이루기 위해 내가 실행해나가야 할 목표들이 적혀 있었다. 누군가에게 보여주는 건 처음이라 조금 부끄럽지만 용기를 내어 소개해본다.

- 21세: 원하는 대학, 원하는 학과 입학하기(4년 장학생). 1년 안에 토플 점수 120점(만점)까지 올리기
- 22세: 미국으로 교환학생 가기(영어&스페인어 정복하고 오기)
- 24세: 일본 가기(일본어 정복). 언론고시 합격&방송 시작
- 26세: 언론 대학원에 입학

이 수첩에는 서른 살까지 내가 이루고 싶은 꿈들이 나이별로 적혀 있었는데 이 중에 몇 개는 실제로 이루었다. 원하는 대학과 학과에 갔고, 감사하게도 목표했던 4년 장학생도 되었다. 그리고 대학교 3학년 때 일본에 갔다. 당시 일본에 있는 날씨 회사에서 모집한 3개월짜리 인턴 캐스터에 지원한 것이다. 서류를 접수하고 오디션을 보고 심지어 인터넷으로 투표까지 진행하는 과정을 거쳐 일본에서 일할 기회를 얻었다.

고등학교 때 제2외국어로 공부한 일본어, 고등학교 때 1년 동안 미국에서 공부한 영어에다 한국어까지 세 개의 언어로 방송을 진행했다. 대체 어떻게 가능했는지 의아할 정도로 부족한 실력이었지만 무조건 열심히 했다.

물론 아직 이루지 못한 목표도 많다. 하지만 이 노트가 내 길잡이가 되어준 것은 확실하다. '한국의 오프라 윈프리'라는 비전을 위해 이루어야 할 목표들을 기간별로 계획했다. 내가 어디를 향하고

세 번째 주문

있는지, 어디까지 왔는지 점검하면서 부족한 점을 채우려고 노력
했다.

어느덧 나는 아나운서가 되겠다는 하나의 큰 목표를 이루었고
막상 바쁘게 살아가다 보니 그 이후는 생각하기가 힘들어졌다. 매일
빡빡한 일정을 따라가기도 벅찰 때가 많았기 때문이다. 그래서 다시
노트를 꺼내 들었다. 작은 목표들을 세우고 하루하루를 촘촘히 계
획하기 시작했다. 그러자 신기하게도 정신없던 하루하루가 조금씩
정리되는 게 느껴졌다.

아무리 아침 일찍 일어나 부지런히 하루를 시작한다고 해도 확
실한 목표와 계획이 없으면 시간을 무의미하게 흘려보내거나 제대
로 하는 일도 없이 바쁘게 하루를 보내게 된다. 쏟아지는 업무와 일
정들을 무리 없이 소화하기 위해서는 시간을 어떻게 효율적으로 배
분하고 사용할 것인지 철저한 계획이 필요하다. 계획 없이 사는 하
루는 모래 위에 지은 집처럼 쉽게 무너진다. 뼈대를 단단하게 세우
고 단순하지만 튼튼하게 확실하고 명확한 계획을 세우는 것이 중요
하다. 확실한 목표와 계획을 세우고 실천하는 사람은 시간을 잘 관
리하고 통제한다. 같은 시간 안에도 더 많은 일을 해낼 수 있고 같은
양의 일도 더 빨리 끝낼 수 있다.

흘러가는 시간을 붙잡는 비법, 빡빡한 일정을 지치지 않고 감당

해내는 비결은 바로 철저한 계획에 의한 시간 관리다. 계획을 세우기 전에 가장 먼저 할 일은 하루의 목표를 정하는 일이다. 하루의 목표를 정하려면 1년의 목표, 더 나아가 5년, 10년의 목표가 있어야 한다.

명확하고 현실성 있는
목표 설정하기

그럼 목표를 어떻게 세워야 할까. 먼저 1년의 목표를 세워보자. 1년 목표는 무엇을 왜 해야 하는지 목적이 정확해야 한다. 누군가에게 보여주기 위해서도 아니고 자랑하기 위한 것도 아닌 내가 진정 원하고 이루고 싶은 목표를 세운다. 또한 뜬구름 잡는 목표가 아니라 수치로 표현할 수 있을 만큼 구체적이고 실현 가능하고 진정성 있는 목표여야 한다. 그냥 '독서하기'가 아니라 '1년에 50권'이라는 식이다. 너무 거창하지도 않고 그렇다고 너무 쉽지도 않은, 적당히 어렵고 도전적인 목표가 좋다.

- 독서하기: 1년 동안 50권 읽기

- 영어 회화 공부: 야구 인터뷰 영어로 진행

- 토익 점수 올리기: 990점까지

- 건강한 몸 만들기: 근육량 22kg 이상, 체지방 15kg 이하
- 유튜브 시작하기: 구독자 10만 명 달성

그리고 그 목표를 이루기 위해서 매달, 매주 그리고 매일 내가 해야 할 일들을 정리한다. 언제 어디서 무엇을 할 것인지, 목표를 달성할 정확한 방법이 필요하다. 하루의 목표뿐 아니라 기간별로 단계적으로 달성해나갈 목표들을 정해놓는다.

- 1년 동안 책 50권 읽기: 한 달에 4권씩 읽기, 일주일에 한 권씩 읽기, 아침 30분씩 독서하기, 주말에 도서관 방문, 자투리 시간 틈틈이 활용
- 야구 인터뷰 영어로 진행: 매일 아침 30분 화상 영어 회화 수업 듣기, 저녁 30분씩 섀도잉 하기(영화 〈인턴〉 100번 보기)
- 토익 점수 990점까지 올리기: 하루에 영어 단어 20개씩 외우기, 영어 신문 보며 단어 정리하기, 일주일에 한 번씩 모의고사 풀기
- 건강한 몸 만들기: 매일 1만 보 이상 걷기, 일주일에 3번 필라테스 수업 듣기
- 유튜브 구독자 10만 명 달성: 일주일에 한 번 영상 업로드하기, 다양한 콘텐츠 공부하기, 편집 강의 듣기

프로젝트에 맞춰
목표 세우기

회사 일정이나 업무를 중심으로 목표를 세우는 방법도 있다. 예정된 이벤트나 중요한 프로젝트에 맞춰서 목표를 세우고 계획을 정리한다. 예를 들면 1월엔 올림픽, 2월엔 메이저리그 출장, 3월엔 선거 방송, 이런 식으로 월별로 중요한 일정에 맞춰서 목표를 세운다. 업무 중심으로 세우는 목표는 충분한 여유를 두고 정한다. 1월 올림픽을 앞두고 나는 '내가 중계할 종목 완전 정복하기!'라는 목표를 세웠다.

그다음은 이 목표를 이루기 위해서 내가 해야 할 일들을 적어본다. 가장 먼저 그 종목에 대한 기본적인 이해가 필요하다. 경기 방식, 기술적인 내용, 채점 방식, 주목해야 할 선수들, 지금까지의 기록 정리 등 공부 계획을 세운다. 충분한 여유를 두고 목표와 계획을 세우는 이유는 시간이 임박해서 허둥대지 않도록 차근차근 준비하기 위해서다.

올림픽은 대체로 석 달 전부터 준비를 시작한다. 해당 종목에 대한 규칙을 충분히 익히고 현장을 찾아 경기장도 둘러보고 선수들을 만나서 인터뷰도 하면서 준비를 시작한다. 두 달 전에는 기록을 정리하고 전에 했던 경기들을 찾아보면서 공부한다. 그리고 한 달 전에는 주목해야 할 선수들을 정리하고 좀 더 깊이 있게 공부한다. 2주

전에는 해설위원과 입을 맞춰본다. 리허설을 하며 서로 호흡을 맞춰보고 모니터링도 하면서 보완해야 할 부분들을 정리한다. 이런 식으로 올림픽 전까지 완벽한 계획에 맞춰서 차근차근 준비하면 올림픽이 닥쳤을 때 조급하게 서두르지 않을 수 있다.

선거방송도 마찬가지다. 여·야 후보들에 대한 정보와 지지율 추이, 공약 등을 정리하고 토론회도 챙겨보고 이전 선거 방송들을 모니터하고 방송에 사용될 다양한 그래픽 자료들을 익히려면 상당한 시간이 필요하다. 벼락치기로는 모든 내용을 소화하기가 어렵다.

누구도 올림픽이나 선거 방송을 하기 몇 달 전부터 방송 준비를 해야 한다고 알려주지는 않는다. 몇 주 전까지도 내가 올림픽 중계에 참여할지 무슨 역할을 맡을지 알 수 없는 경우가 대부분이다. 그럼에도 미리 준비를 해두면 막상 방송을 하게 됐을 때 도움이 되는 건 물론이고 혹시 방송에 참여하지 못하더라도 고스란히 내 실력으로 남는다. 그래서 업무 중심으로 계획을 세울 때는 여유 있게 일찌감치 시작해 차근차근 하나씩 달성해나간다. 학생이라면 중간·기말고사, 모의고사나 수행평가처럼 중요한 시험을 중심으로 공부 계획을 세우면 된다.

이렇게 차근차근 세워나가는 목표들은 한 해 동안, 한 달 동안, 하루 동안 나를 살아가게 할 원동력이 되어준다. 목표가 있는 사람은 열정적이고 지치지 않는다. 또 목표를 이루기 위해 시간과 에너지를 집중하기 때문에 더 빠르고 효율적으로 일을 마무리할 수 있다. 매 분기, 매달, 매주 그리고 그날그날의 목표를 세워보자. 목표를 설정하는 것만으로도 동기부여가 된다. 멈추지 않고 나아갈 힘이 생긴다.

튼튼한 계획을 세우기 위해서는 명확한 목표가 필요하다. 목표가 분명하지 않으면 목적지 없이 떠다니는 배처럼 방황하게 된다. 장애물과 유혹에도 쉽게 넘어진다. 중요한 것은 언제나 속도보다 방향이다. 내가 오늘 하루 어디로 갈 것인지, 무엇을 향해 달려가고 있는지 정확하게 인식하고 나아가야 한다. 확실한 목표가 있는 사람은 쉽게 지치지 않는다. 1분 1초의 시간도 소중히 여기고 최선을 다해 살아낸다. 매 순간 열정적이고 의욕적으로 주어진 일을 해나간다. 일이 잘될 때나 안 될 때나 포기하지 않고 정성을 다해서 목표를 향해 달려간다. 끊임없이 노력하고 목표를 이루어간다. 혹시 길을 잃더라도 헤매지 않고 새로운 길을 개척해낸다. 차이는 바로 이런 작은 곳에서 드러난다.

*

JANN'S NOTE

규칙적이고 정돈된 삶을 살것.

그래야만 당신의 작품이

강렬함과 독창성을 갖게 된다.

— 귀스타프 플로베르

만족도 200%의
일상을 사는 첫걸음

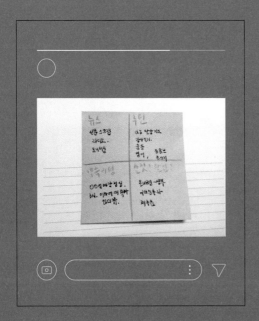

하루 대여섯 개가 넘는 스케줄을 소화하던 때와 달리 지금은 〈뉴스데스크〉 하나만 하면 되니까 전보다 편해졌을까? 결코 그렇지 않다. 그때만큼이나 바쁘고 분주한 하루를 보낸다. 뉴스는 국민과 정한 약속인 만큼 그 시간을 위한 준비는 철저하고 급박하게 진행된다. 나 역시 생활을 온전히 뉴스에 맞춰놓고 세심하게 시간 관리를 한다. 업무가 단순해진 만큼 하루의 시간을 쪼개서 제대로 활용하지 않으면 하루를 어떻게 보냈는지도 모르게 순식간에 흘러가버리기 때문이다.

전날 밤 잠들기 전에 오늘의 일정을 머릿속으로 한 번 그려보고 출근 후 본격적인 계획을 세운다. 그 과정 자체가 하나의 동기부여가 된다. 하루의 계획을 세우고 목표를 정하고 마음을 다잡는 과정에서 오늘을 살아갈 힘을 얻는다.

앞서 장기적인 목표를 설정하는 법을 살펴보았다. 목표를 정했다면 그것을 일별로 쪼개어 구체적인 계획을 짜야 한다. 그리고 제대로 된 계획을 세우기 위해서는 먼저 하루의 시간을 어떻게 쓰고 있는지 정확하게 파악하는 것이 중요하다.

하루 일정
적어보기

일반적인 하루 일정을 적어보자. 1분 1초까지 촘촘하게 기록하는 것이 좋다. 일기를 쓰듯이 나의 일과를 한눈에 볼 수 있도록 쭉 적어보자. 나의 경우에는 다음과 같았다.

이런 식으로 나의 일과를 구체적으로 적어보면 시간을 어떻게 활용하고 있는지 한눈에 파악할 수 있다. 어떤 일을 하는 데 시간이 얼마나 걸리는지, 낭비하는 시간은 없는지 알 수 있다. 예상보다 오래 걸렸던 일이나 금방 끝냈던 일이 있을 것이다. 그리고 틈틈이 자투리 시간도 생긴다. 그런 상황들을 파악하고 이걸 바탕으로 계획을 세운다.

9 : 00 AM	회사 도착
9 : 35	신문 가져오기
9 : 40	회의 준비(오늘의 아이템 확인)
9 : 55	회의실로 이동
10 : 00	오전 회의 → 회의가 생각보다 빨리 끝나서 10분의 여유 시간 생김
10 : 30	오늘의 계획 짜기
10 : 45	QT 하기
11 : 00	신문 읽기
12 : 00 PM	점심 시간(구내식당)
12 : 40	사무실 복귀
12 : 50	양치하기
1 : 00	신문 마저 읽기
2 : 00	오후 회의
2 : 30	회의 끝, 뉴스 준비
3 : 00	기사 찾아보며 공부 + 앵커멘트 쓰기
4 : 00	의상 피팅
4 : 30	분장실

"내일의 나는 오늘의 내가 만드는 거야"

해야 할 일
목록 작성하기

시간은 언제나 한정적이고 제한적이다. 우리의 에너지도 마찬가지다. 모든 일을 동시에 완벽하게 처리할 수는 없다. 그래서 계획을 세울 때 꼭 필요한 것이 우선순위를 정하는 일이다. 우선순위를 잘 정하는 것만으로도 계획의 반 이상을 세운 셈이다. 그러면 내가 오늘 무엇을 먼저 해야 할지 관심을 가지고 집중할 수 있기 때문이다.

먼저 앞에서 설명했듯 오늘 해야 할 일, 오늘의 업무 리스트를 쭉 적어본다. 그 과정에서 이미 어떤 일을 먼저 해야 할지 머릿속에 정리가 된다. 우선순위를 정했으면 그 순서대로 실행하기 위한 노력이 필요하다. 가장 중요한 일, 오늘 안에 꼭 끝내야 하는 일들을 먼저 하나씩 해결해나간다. 우선순위를 세우면 어떤 일에 관해 결정을 내리는 데에도 도움이 된다. 주체적으로 시간을 사용하고 사람이나 환경에 휩쓸리지 않고 하루를 살아갈 수 있다. 사실 우선순위만 명확해도 계획을 세우는 건 일도 아니다.

나는 우선순위를 정할 때 기본을 지키는 것부터 시작한다. 오늘을 살아가는 데 있어서 가장 기본이 되고 중요한 것을 가장 먼저 정한다. 그것이 바로 하루 루틴이다.

일단 포스트잇에 오늘 해야 할 일들을 적어본다. 먼저 업무(뉴스)와 관련된 일을 정리하고 다음은 매일 반복되는 루틴(일상)을 적는다. 그리고 이어서 점심 약속 같은 특별한 일을 적는다. 마지막으로 추가적으로 해야 할 일이나 오늘 사야 할 것 등 일회적으로 처리할 일들을 적는다.

이렇게 해야 할 일을 정리하는 것만으로도 무엇을 먼저 해야 할지 우선순위가 보인다.

업무(뉴스)
1. 신문 스크랩하기
2. 시사 라디오 듣기 (〈뉴스쇼〉, 〈시선집중〉 등)
3. 모니터링 (KBS, SBS, JTBC)
4. 오늘 뉴스 공부·앵커멘트 작성하기

하루 루틴
1. QT, 말씀 묵상
2. 감사일기 쓰기
3. 운동
4. 영어 공부
5. 유튜브 편집
6. 글쓰기

약속·미팅
1. 점심 (누구랑, 어디서, 언제)
2. 이화여대 학과 인터뷰

살 것·할 일
1. 올리브영·샴푸 구매
2. 이비인후과
3. 책 주문하기

자, 그럼 이제 이걸 바탕으로 본격적으로 해야 할 목록을 작성한다. 나는 해야 할 목록을 적을 때도 시간의 흐름 순서대로 적는 것을 기본으로 한다. 위의 내용을 적어 내려가다 보면 나도 모르게 이건 몇 시에 어디서 하는지 등이 머릿속에 그려지며 이미지 트레이닝을 할 수 있다. 해야 할 일의 키워드를 적고 그 옆에 좀 더 구체적인 내용을 적는다. 구체적으로 적어야 실제로 일을 진행할 때 편해진다.

사실 나처럼 매일 업무가 비슷한 사람은 우선순위를 결정하는 게 크게 어렵지 않다. 늘 해오던 루틴에 따라 차근차근 일을 해나가면 되기 때문이다. 하지만 어쩌다가 출장이 생긴다거나 특집 방송 같은 특별한 일정이 생기는 경우, 여러 가지 일이 동시에 쏟아지는

1. QT와 말씀 묵상(시편 1에0편. 감사일기)
2. 유튜브 편집(가편과 음악 고르기)
3. 운동(한 시간 걷기)
4. 뉴스 공부
5. 점심 약속 + 올리브영(샴푸 구매)
6. (오후 회의 이후) 이화여대 학과 인터뷰
7. (퇴근 후) 글쓰기

상황이 발생하면 우선순위를 정하는 게 어려워진다. 평소에 우선순위 정하는 연습을 해두면 그런 상황이 발생했을 때 훨씬 수월하게 정리할 수 있다.

이렇게 정리한 해야 할 일 목록은 가장 눈에 띄고 잘 보이는 곳에 두고 중간중간 확인하는 게 중요하다. 그리고 제대로 수행한 업무에는 체크를 하거나 지워버린다. 개인적으로 나는 포스트잇에 적어서 붙여놓는 것을 좋아한다. 업무를 하는 동안에는 컴퓨터 모니터나 책상 앞에 붙여놓으면 계속 확인하기 편하고, 체크가 끝난 포스트잇은 그날의 플래너 페이지에 붙여서 정리하는 데 활용한다.

매일이 빛나는
나만의 플래너 만들기

이제 본격적으로 하루 계획을 세워보자. 나의 경우 오전 회의를 마치고 나면 잠시 남는 시간이 있는데 이때를 나의 하루를 지탱해줄 튼튼한 기둥을 세우는 시간으로 삼는다. 자리에 앉아서 오늘 할 일을 미리 그려본다. 누군가에게 혹은 시간에 끌려가는 하루가 아닌 오롯이 나의 의지대로 나만의 하루를 완성하기 위해 밑그림을 그리는 것이다. 계획을 세우는 시간은 사람마다 다를 수 있다. 아침에 눈을 뜨자마자 혹은 출근 후 10~15분만 투자해서 오늘의 계획을 세워보자. 하루를 충실하게 살아낼 길잡이가 되어줄 것이다.

나에게 맞는
플래너 고르기

하루를 어떻게 하면 더 알차게 보낼 수 있을까 고민하며 했던 일 중의 하나는 바로 다양한 스케줄러나 플래너를 사용해보는 일이었다. 시중에는 정말 많은 플래너가 나와 있다. 유명하다는 브랜드의 플래너도 여럿 써보았다. 그중에는 실제로 도움이 됐던 것도 있었고, 나와 잘 맞지 않는 것도 있었다. 오히려 플래너를 채우는 것 자체가 부담이 되기도 했다. 누군가가 만들어놓은 틀에 내 일정을 억지로 끼워 맞추는 듯한 기분이 들었기 때문이다. 그러니 계획을 세우고 플래너를 쓰는 것 자체가 버겁게 느껴지고 하나의 업무처럼 느껴지기도 했다.

나의 생활과 플래너의 방식이 잘 맞아떨어진다면 더없이 좋겠지만 그렇지 않은 경우도 많을 것이다. 그래서 내가 택한 방법은 직접 플래너를 만드는 것이다. 내 일정에 맞는 플래너를 만들어보니 나는 복잡한 것보다 비교적 단순한 형태가 잘 맞았다.

나와 같은 시행착오를 겪지 않으려면 플래너를 택하기 전에 다음 사항을 먼저 정해보길 바란다. 그런 다음에 시중에 잘 맞는 플래너가 있으면 사서 쓰고 불편하면 나처럼 직접 만들어도 좋다.

먼저 월 단위, 주 단위, 일 단위 어떤 방식으로 플래너를 쓸 것인지를 정한다. 월 단위 플래너는 간단명료하게 스케줄을 정리할 수 있다는 장점이 있다. 주 단위 플래너는 한 주의 일상을 한눈에 보고 비교하고 반성할 수 있다는 점이 좋다. 일 단위 플래너는 하루의 시간을 꼼꼼하게 채워서 정리할 수 있다는 장점이 있다.

나는 주간 계획표와 일간 계획표를 만들어 쓰고 있다. 주간 계획표는 이번 주에 꼭 해야 하는 일은 무엇인지, 꼭 만나야 하는 사람은 누구인지, 회사에 중요한 이벤트는 어떤 것들이 있는지 한눈에 볼 수 있게 정리한다. 또 한 주를 시작하기 전 혹은 마무리할 때 작성하면서 일주일의 방향을 잡는다.

〈뉴스데스크〉를 진행하기 전에는 매일 방송이나 일정이 달라졌기 때문에 일목요연하게 나의 시간을 파악할 수 있고 비교할 수 있다는 점에서 주간 계획표가 잘 맞았다. 하지만 뉴스를 하면서부터는 하루하루의 일상과 업무가 거의 비슷해졌기에 그 비슷한 일상을 더 알차게 정리하고 계획적으로 보내기 위해 일간 계획표를 사용하게 됐다. 하루의 시간을 더 잘게 쪼개서 구체적으로 쓸 수 있기 때문이다. 이처럼 자신의 생활 패턴과 일정, 업무 특성에 맞는 플래너를 택하고 계획을 세우면 효율적으로 실천할 수 있다.

플래너를 선택했다면 다음 사항에 유의해서 하루 계획을 세워 보자.

02022021 TUE 확신을 가지고 의욕적으로 꾸준히!

9 : 00 AM

9 : 30

10 : 00

10 : 30

11 : 00

11 : 30

12 : 00 PM

12 : 30

1 : 00

1 : 30

2 : 00

2 : 30

⟨

1. 가장 먼저 맨 윗부분에 오늘의 날짜를 큰 글씨로 적는다.

2. 날짜 옆에는 오늘 나에게 힘이 되거나 도전과 자극이 될 만한 좋은 문구를 적는다.

3. 왼쪽 맨 앞에 공간을 살짝 주고 (체크 박스용) 기상 시간부터 취침 시간까지 30분 단위로 쭉 시간을 적는다.

4. 그런 다음 가장 먼저 고정된 스케줄을 적어 넣는다.

30분 단위로 고정된
스케줄 채우기

가장 윗부분에 오늘 날짜와 날씨를 적고 앞서 정한 오늘의 목표와 하루를 살아갈 때 힘이 되어줄 나만의 한마디를 적는다. 업무를 수행하며 틈틈이 적어놓은 문장을 보면 동기부여가 된다.

그리고 나서 30분 단위로 계획을 세운다. 한 시간 단위로 계획을 세울 때보다 구체적이고 세분화해서 적을 수 있기 때문에 낭비하는 시간을 줄일 수 있다.

앞서 정리한 해야 할 일 목록을 우선순위에 따라서 중요한 업무, 시간이 많이 소요되는 업무를 중심으로 시간을 배분한다. 출근 전할 일은 이미 루틴이 되어서 몸에 익었기 때문에 굳이 플래너에 적지 않는다. 어떤 일들을 했는지 큰 줄기만 잡아둔다. 본격적인 시간 배분은 출근 이후의 계획을 중심으로 한다.

가장 먼저 꼭 해야 하는 스케줄, 시간 이동이나 변경이 불가능한 일정을 적는다.

시간	일정
9 : 00 AM	출근
9 : 30	
10 : 00	오전 회의
10 : 30	
11 : 00	
11 : 30	
12 : 00 PM	점심시간
12 : 30	
1 : 00	
1 : 30	
2 : 00	오후 회의
2 : 30	
3 : 00	
3 : 30	
4 : 00	의상 피팅
4 : 30	분장실
5 : 00	
5 : 30	
6 : 00	
6 : 30	
7 : 30	뉴스 시간
9 : 00	퇴근

세 번째 주문

나머지 시간에
구체적인 스케줄 채워넣기

....　　　　　　고정된 일정을 먼저 적고 나면 이제 나머지 시간을 중심으로 계획을 세운다. 앞서 정리한 해야 할 일 목록을 바탕으로 채워 넣고 써둔 포스트잇은 나중에 붙여놓으면 된다.

　앞서 강조한 것처럼 최대한 구체적이고 자세하게 적는다. 신문 읽기의 경우도 막연하게 신문 읽기가 아니라, 정확하게 어떤 어떤 신문을 몇 시부터 몇 시까지 읽을지 정리한다. 공부의 경우 그냥 뉴스 공부가 아니라 오늘 전하게 될 뉴스의 큰 주제들을 먼저 정리한 후 시간을 배분한다. 예를 들어 코로나19 소식, 정치권 소식, 해외 이슈, 올림픽 소식 등 큰 주제별로 시간을 배분해서 공부하면 훨씬 더 집중력 있게 공부할 수 있다.

　오전에 신문을 읽을 땐 전체적으로 내용을 파악하면서 한 번 훑는 느낌이라면 오후엔 내가 전하게 될 주제에 집중해서 더 깊이 있게 공부를 하고 필요한 경우 신문 스크랩으로 정리한다. 계획표엔 그런 시간까지 구체적으로 정리해놓는다.

　뉴스를 위한 공부 계획도 포스트잇에 정리해 따로 붙여둔다. 큐시트가 대체로 중요한 기사 순으로 배치되는 경우가 많기 때문에 큐시트에 정리되어 있는 순서대로 공부한다.

　코로나 기사가 오늘도 내 블록의 톱기사이므로 코로나와 관련

9:00 AM	출근, 라디오 시사 프로
9:30	QT 계획표 짜기
10:00	오전 회의
10:30	신문 읽기 (경향, 한겨레
11:00	중앙, 국민, 조선)
11:30	
12:00 PM	점심시간, ○○ 선배랑 을밀대 (1시간 예상)
12:30	
1:00	신문 마저 읽기 (매일경제, 한국, 동아)
1:30	+ 스크랩하기
2:00	오후 회의
2:30	문화일보+스크랩 마무리, 오늘 큐시트 확인, 기사 공부하기
3:00	이화여대 학과 인터뷰 촬영
3:30	앵커멘트 CG 상의
4:00	의상 피팅
4:30	분장실
5:00	기사 공부하기
5:30	앵커멘트 작성
6:00	저녁 먹으면서 점검
6:30	CG 맞춰보기, 카메라 리허설
7:30	뉴스 시간
9:00	퇴근

세 번째 주문

된 기사들, 특히 오늘 전하게 될 주요 기사들 제목을 정리한다. 이 날은 백신 관련 기사가 주요하게 다뤄졌다. 그리고 이낙연 당시 총리의 교섭단체 대표 연설이 있었다. 선거와 관련된 이슈, 일본 관련 소식, 위안부 막말과 관련된 소식, 미얀마 군부 쿠데타 관련 속보, 이런 식으로 오늘 전하게 될 기사를 순서대로 정리해놓고 하나하나 공부하고 정리를 마치면 줄을 긋거나 체크박스에 표시한다.

오늘 뉴스

· 코로나 속보 - 10세 미만 제일 적어, 귀하신 몸 백신 주사기, 5개 백신 효과, 접종 일정 정리

1. 이낙연 · 교섭단체 대표 연설

2. 해저터널 부산선거 새 이슈로?

3. 일본, 동반자에서 이웃나라로 격하

4. ~~(제보M) 어느 군청의 이상한 장학금~~ 왕 선배한테 넘어감

5. '위안부는 매춘' 하버드대 교수 막장 연구

6. 소녀상 옹호 일 지사 사퇴 서명 가짜

+ 미얀마 군부 쿠데타 속보 - 무너진 민주주의 꿈... 미얀마는 왜?

하루 스케줄
평가하기

계획표를 보며 수시로 진행 상황을 체크한다. 제대로 수행한 일정은 동그라미(O)로 표시하거나 색연필로 줄을 그어서 지워버린다. 하나하나 수행한 일정들을 지워나가면 성취감을 느낄 수 있다.

완벽하게 끝내지 못한 일들은 세모(△)로 표시한다. '신문 읽기'를 제대로 하지 못한 경우 어떤 부분을 주로 읽었는지 체크한다. 시간을 초과한 경우에도 얼마나 시간을 초과했는지 적어둔다. 이렇게 해두면 하루를 다 보내고 다시 한번 계획표를 보면서 시간을 제대로 활용했는지 확인하고 복기하는 데 도움이 된다.

이렇게 계획을 세우기 시작하면서 생활에 변화가 생겼다. 예전에는 일정 사이에 남는 시간이 있으면 멍하니 있거나 의미 없이 인터넷 서핑 등으로 시간을 보내는 경우가 많았다. 그러고서는 시간이 없다는 말을 버릇처럼 했다. 그런데 계획을 세우기 시작하면서 자투리 시간을 알차게 쓸 수 있게 됐다. 그동안 내가 얼마나 많은 시간을 버리며 살았는지도 깨달았다.

O	9:00 AM	~~라디오 시사 프로~~ (시선집중, 뉴스쇼) (O)
△	9:30	QT (시편 5편 까지 읽음 △) ~~계획표 짜기~~
O	10:00	오전 회의 - 10분 일찍 끝남. (어제 못한 모니터함)
O	10:30	~~신문 읽기 (경향~~
O	11:00	~~한겨레, 중앙~~
O	11:30	~~국민, 조선)~~ (O)
△	12:00 PM	~~선배랑 을밀대 (1시간 예상)~~ - 커피 마시고 들어옴 (1시간 반 소요, 샴푸 못삼)
O	12:30	
△	1:00	~~신문 마저 읽기 (매일경제, 한국, 동아)~~ (△) - 코로나, 단독 기사 위주로 체크함
O	1:30	+ 스크랩하기
O	2:00	오후 회의 - 10분 일찍 끝남, 스크랩 마저 함.
O	2:30	~~문화일보 + 스크랩 마무리, 오늘 큐시트 확인, 기사 공부하기~~
O	3:00	~~이화여대 학과 인터뷰 촬영~~ (10분 지연)
O	3:30	앵커멘트 CG 상의 (코로나 & 미얀마)
O	4:00	의상 피팅
O	4:30	분장실
O	5:00	기사 공부하기 & 앵커멘트 작성
O	5:30	저녁 먹으면서 점검

"내일의 나는 오늘의 내가 만드는 거야"

○	6 : 00	CG 맞춰보기, 카메라 리허설
○	6 : 30	앵커멘트 작성
○	7 : 30	뉴스 시간
○	9 : 00	모니터링
○	9 : 30	퇴근

스케줄러가 나의 일기장이자
업무 노트가 된다

내가 쓰는 플래너에는 하루 계획표만 있는 게
아니다. 오늘 하루를 보내며 느낀 것들, 나의 생각과 반성들을 정리
한다. 이런 것들이 쌓여서 진정한 나만의 플래너가 완성된다. 그리
고 나의 성장을 되돌아볼 수 있는 좋은 자극제가 된다. 내가 플래너
에 추가로 쓰는 것은 '오늘의 말씀', '오늘의 다짐', '오늘의 감사',
'뉴스 모니터링'이지만 하는 일이나 목표, 꿈에 따라 내용은 자신에
게 맞추어 다르게 쓸 수 있다.

나는 이런 식으로 일간 계획표를 쓰고 있다. 뉴스를 하면서부터
는 매일 일정이 비슷하기 때문에 주간 계획표보다는 일간 계획표에
조금 더 집중한다. 하루의 시간을 더 알차게 쓰기 위해서다. 이런 식

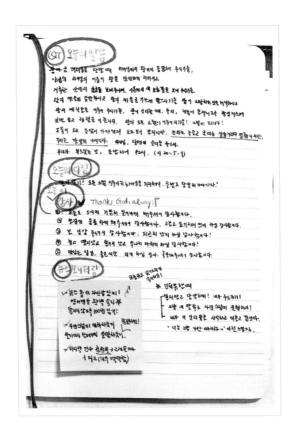

오늘의 말씀: 오른쪽 면에는 아침에 QT를 하면서 오늘의 말씀을 정리한다.

오늘의 다짐: QT를 하면서 와닿았던 부분이나 기억할 내용을 적어놓고 지치고 힘들 때마다 꺼내서 펼쳐본다.

오늘의 감사: 감사한 일 다섯 개를 적는다. 감사노트를 따로 사용하기도 하지만 다이어리에 함께 적어놓는 것도 좋은 방법!

뉴스 모니터링: 오늘 뉴스를 하면서 아쉬웠던 부분과 보완할 점들을 적어놓는다. 하루를 마치고 퇴근하기 전에 오늘 했던 뉴스를 다시 한 번 쭉 보면서 부족했던 부분들을 스스로 복기하는 시간이다. 어차피 나만 보는 거니까 최대한 솔직하고 적나라하게 적는 게 포인트다.

으로 나만의 맞춤 계획표를 스스로 만들어보는 것을 추천한다. 자신의 스케줄과 일정 루틴에 맞춰서 말이다. 나는 하루의 모든 스케줄과 삶이 뉴스를 중심으로 돌아가기 때문에 다이어리 내용도 거의 뉴스로 시작해서 뉴스로 끝난다. 아마 학생은 공부로 가득 채워질 것이고, 다른 직장인은 각자 맡은 업무와 일정으로 채워질 것이다. 노트 한 권과 펜만 있으면 지금 당장 만들 수 있다. 내 플래너를 참고로 자신을 한 단계 성장할 수 있는 무기가 될 나만의 플래너를 만들어보자.

실현 가능한 계획만이
의미가 있다

········   목표를 통해 방향을 정하고 구체적인 계획으로 하루하루를 보내면 하루를 주도적으로 살아낼 수 있다. 시간과 에너지를 온전히 집중할 수 있다. 하루 30분을 투자해 계획을 세우면 그냥 흘려보낼 수 있는 시간도 내 것으로 만들 수 있다. 중요한 것은 계획한 대로 실천해야 한다는 점이다. 행동하지 않으면 아무리 튼튼하고 좋은 계획도 소용이 없다. 그렇기 때문에 자신의 역량에 맞게 계획을 세워야 한다.

너무 거창하거나 말도 안 되게 큰 계획은 아무런 힘이 없다. 너무 많은 일을 하루 안에 다 하려고 하면 한두 가지 일도 제대로 해내기 어렵다. 또 쉽게 지친다. 오늘 하루 방황하지 않도록 확실한 목표를 세우고 시간에 끌려다니지 않도록 철저한 계획을 세우는 것이 중요하다. 욕심을 버리고 지속적으로 실천할 수 있는 계획을 세워보자. 그리고 목표에 시선을 고정하고 매일 꾸준하게 달려가자.

시간 관리에는 요령이 통하지 않는다. 절대 한 번에 되는 일은 없다. 정직하게 꾸준히 차근차근 나아가야 한다. 하루의 목표와 계획을 세우는 시간은 나에게 주어진 이 소중한 하루를 대충 흘려보내지 않고 열정을 다해 살아내겠다는 다짐의 시간이기도 하다.

문구 덕후의
잇 아이템

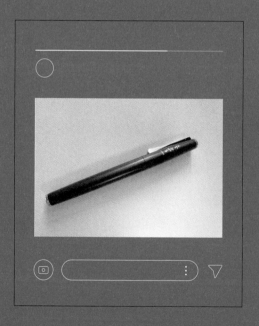

　　나는 문구점에만 가면 심장이 뛰고 눈이 맑아
지고 오감이 살아난다. 길을 가다가도 문구점이 있으면 절대 그냥
지나치지 못한다. 여행지에 가서도 현지에 있는 유명한 문구점들은
꼭 찾아다니곤 한다. 가지런히 정돈된 형형색색의 펜들, 보기만 해
도 기분 좋아지는 빳빳한 새 노트들, 조용하고 아늑한 공간의 냄새와
분위기까지 나에게 문구점은 위로와 영감이 되어주는 힐링의 장
소다.

　　이런 문구 사랑이 언제부터 시작됐는지 정확하게 기억은 나지
않지만 아마 초등학교 때부터였던 것 같다. 등·하굣길에 특별한 일

이 없어도 문구점은 꼭 거쳐 가야 하는 장소였다. 또래 아이들로 가득한, 시끄럽고 북적거리던 문구점 특유의 정겨운 공기와 분위기가 너무 좋았다. 딱히 살 것도 없는데 그냥 그렇게 문구점에서 어슬렁거리다 보면 한두 시간이 훌쩍 지나가버리곤 했다. 용돈을 받은 날에도 시험을 잘 보거나 못 본 날에도 친구 생일 같은 특별한 날에도 그저 평범한 날에도 가장 먼저 달려간 곳이었다. 문구점은 위로의 공간이자 힐링의 장소이고, 영감을 얻을 수 있는 너무나 매력적인 공간이다.

게다가 문구는 계획을 세우는 재미를 줘서 동기유발에 도움을 주는 도구다. 또 문구에는 무언가를 시작하게 하는 힘이 있다. 그래서 지금도 기분 전환이 필요할 때, 뭔가 새로운 일을 시작할 때 가장 먼저 문구점에 들른다. 예쁜 펜을 보면 공부를 하고 싶고 예쁜 종이를 보면 무언가를 쓰고 싶어진다.

공부할 때 좋아하는 문구용품을 장착하는 건 마치 전쟁터에 나가기 전 무기를 고르고 갈고닦는 듯한 느낌이 든다. 책상과 책상 서랍에 다양한 문구를 가득 쟁여놓는 것도 같은 마음이다. 희귀하거나 비싼 제품은 아니지만 평소 자주 쓰고 좋아하는 문구들을 채워놓으면 보기만 해도 든든함을 느낀다. 연필꽂이에 가지런히 꽂혀 있는 푸른색의 색연필, 좋아하는 만년필과 연습장을 보면 다시 새롭게 마음을 다잡게 되고 뭐든 할 수 있을 것 같은 자신감이 생긴다.

목표를 세우고 계획하기 위해 준비할 건 종이와 펜 하나면 끝이다. 요즘은 태블릿의 어플리케이션을 이용해 플래너를 쓰는 사람도 많지만 나 같은 '문구 덕후'는 종이에 직접 쓰는 맛을 포기하기 힘들다.

나처럼 마음에 드는 문구를 골라 계획하는 것 자체에 재미를 붙여보면 어떨까? 처음에는 계획만 예쁘게 세워놓고 하지 않을지도 모른다. 하지만 꾸준히 하다 보면 처음엔 1퍼센트에서 시작하더라도 어느새 조금씩 계획을 의식하고 따르게 될 것이다.

계획할 힘을 주는 플래너의 파트너, 만년필

....　　　　　　내가 직접 만든 플래너와 함께 계획 세우기에 즐거운 동반자가 되어주는 것이 바로 만년필이다. 뉴스를 처음 시작할 때 친한 선배 한 분이 만년필을 선물해줬다. '늘 따뜻한 앵커'라는 각인이 새겨진 라미 스튜디오 만년필이었다. 처음엔 만년필의 기능이나 디자인은 둘째치고 '늘 따뜻한 앵커'라고 새겨진 문구가 솔직히 조금 부끄럽기도 하고 부담스러웠다. 아직 앵커라는 자리가 어색한 나에게 너무 거창하고 버거운 문구였다. 잘할 수 있을까 걱정스러운 마음이 컸다.

모나미 올리카 만년필(블루 컬러 잉크와 바디): 가성비 최고인 초보용 만년필, 잉크도 열가지 색깔이 있다. 투명한 바디라 안에 무슨 색 잉크가 들어있는지 바로 알 수 있다. 필기감도 나쁘지 않고, 고무 소재 그립으로 오래 사용해도 손이 편안하다.

라미 스튜디오 만년필(브러시 스틸, 아쿠아 마린, 임페리얼 블루): 필기감이 가장 나와 잘맞는다. 10만원 대 만년필을 찾는다면 강력 추천하고 선물용으로도 좋다.

파란색 색연필: 다양한 채도의 파란색 색연필을 사 모으는 취미가 있다. 신문을 읽을 때는 밑그림을 그리듯 줄을 그으며 읽어야 집중이 잘되는 편이라 주로 두꺼운 하늘색 스테들러 색연필을 사용한다. 얇은 색연필은 성경책이나 책을 읽을 때 사용한다.

빨간색 색연필: 파란색 색연필로 밑그림을 그린다면 포인트는 빨간색 색연필로 표시한다.

연필: 최대한 길게 깎아 사각사각 필기하는 소리를 들으면 저절로 힐링이 된다. 특히 집중이 안 되거나 정신을 가다듬을 때 멍 때리면서 연필을 깎다 보면 잡생각이 정리된다.

모나미 에센티 형광펜(파스텔 블루): 색이 가장 맑고 깨끗해서 가장 좋아한다. 모든 글에 밑줄 긋는 것을 좋아하는 나에게 최적의 형광펜이다. 책에 밑줄 그은 사진을 SNS에 올리면 형광펜 뭐 쓰냐는 질문이 꼭 올라온다.

스타빌로 보스 형광펜(파스텔 시리즈): 일단 디자인이 매우 귀엽고 닙이 굉장히 넓어서 중요한 부분을 표시할 때 좋다. 굉장히 수분감이 많아서 아주 속 시원하게 잘 써진다. 모나미 에센티보다 채도가 좀 더 짙지만 은은하면서도 또렷한 색감이다.

그런데 그 만년필을 사용할수록 선배가 정성껏 새겨준 문구를 보며 매일매일 초심을 되새길 수 있었다. 뉴스를 준비할 때마다 그 만년필을 사용하면서 좋은 앵커가 되기 위해 노력한다. 선배가 왜 그런 문구를 각인해 선물해줬는지 이제 알 것 같다. 그렇게 3년이 넘는 시간 동안 함께하고 있는 만년필은 이제 나의 가장 친한 친구가 되었다. 매일 뉴스를 준비하고 노력해온 시간을 함께해왔기 때문일까. 나의 마음을 가장 잘 아는 친구 같은 느낌이다. 그저 펜일 뿐이라고 생각할 수 있겠지만 자기만의 만년필을 오랫동안 써본 사람이라면 아마 다들 공감할 것이다.

만년필은 굉장히 섬세한 필기구다. 손이 많이 간다. 잉크도 자주 교체해줘야 하고 펜촉이 약해서 너무 힘을 줘서 써도 안된다. 또 꾸준히 사용하지 않으면 잉크가 금방 굳어버린다. 잘 번지기 때문에 종이 선택도 중요하다. 심지어 비행기에 가지고 타면 기압 차 때문에 잉크가 새는 처참한 상황이 벌어지기도 한다(출장 갈 때마다 만년필을 하나씩 버리는 안타까운 경험을 한다).

이렇게 까다롭고 어려운 필기구인데도 만년필을 좋아하고 계속 사용하는 이유는 '길들인다'는 느낌 때문이다. 쓰면 쓸수록 내 손에 길들여지는 그 느낌이 좋다. 펜싱 선수들이 똑같이 생긴 펜싱 칼을 한 번만 들어봐도 자기 건 줄 안다고 하는데 그런 느낌인 것 같다. 펜을 드는 순간 내 손에 착 감기는 느낌이 있다. 매일 꾸준히 사용하고 함께하면서 서로에게 길들여지는 것이다. 그래서 애착이 간다. 다양한 만년필들을 쓰고 있지만 뉴스를 준비할 때는 늘 같은 만년필을 집는 이유도 이 때문이다. 신기하게 이제는 잉크가 다 떨어지는 주기까지도 예측이 가능할 정도다.

만년필을 좋아하는 또 다른 이유는 필기감 때문이다. 만년필 특유의 필기감이 매력적이다. 세게 힘을 주지 않아도 종이를 강하게 눌러 쓰지 않아도 물 흐르듯이 미끄러지는 듯한 필기감이 좋다. 그래서 만년필로 필기를 하면 자연스러운 진짜 내 글씨체가 나온다. 만년필은 일반적인 잉크 펜보다 가격이 비싸긴 하지만 따지고 보면 오히려 효율적이다. 잘 관리만 하면 훨씬 더 오래 쓸 수 있다는 장점이 있다. 또 요즘은 저렴하면서 내구성 좋은 만년필도 많이 나와서 쉽게 접할 수 있다.

내가 문구를 좋아하는 가장 큰 이유는 문구는 언제나 정직하다는 점 때문이다. 내가 쓰는 만큼 길들고 시간을 들이는 만큼 줄어든다. 덕분에 나도 문구처럼 정직하게 하루하루를 보낼 수 있었다. 줄어든 색연필의 길이만큼 나는 성장했고 매일 써내려간 연습장의 두께만큼 단련되었다.

생각만 하는 것과 직접 노트에 써보는 일은 천지차이다. 생각만 하면 공상으로 남았을지 모를 일들이 노트에 적음으로써 구체화된다. 생각만 할 때는 도저히 실현 가능해 보이지 않던 일들이 글자로

적으면 손에 잡힐 듯 선명해진다. 그렇게 소중한 문구를 다루듯 소중하게 내 인생을 꾸려오고 있다.

　매일 아침 만년필의 잉크를 갈아 끼우고 색연필을 정성스럽게 깎아두고 좋아하는 연습장을 슬며시 펼쳐놓으면 나도 모르게 새로운 힘과 열정이 솟아난다. 뭔가 길을 잃거나 막혀 있는 느낌이 든다면, 새로운 영감과 아이디어가 필요하다면, 또 새로운 시작을 앞둔 사람이라면, 나만의 문구를 마련해 길들여보는 건 어떨까. 당신이 나아갈 길에 좋은 친구가 되어줄 것이다.

죽은 시간을 살리는
심폐소생술

아무리 꼼꼼하고 완벽하게 계획을 짠다고 해도, 언제 어디서나 자투리 시간이 생기기 마련이다. 시간 관리의 핵심 중의 하나는 '이 자투리 시간을 어떻게 활용하는가'다. 업무 사이에 생기는 잠깐의 시간을 소홀히 보내는 경우가 많다. 하지만 시간을 효율적으로 쓰는 사람은 1분, 5분, 10분 정도의 자투리 시간을 효과적으로 활용한다. 당장 눈에 보이진 않아도 그 시간이 쌓이고 쌓이면 긴 시간이 되고 생각보다 훨씬 많은 일을 할 수 있다.

직장인이라면 출퇴근 시간, 회의와 회의 사이의 남는 시간, 약속 장소에서 누군가를 기다리는 잠깐의 시간 등 하루 동안 발생하는 자투리 시간이 의외로 많다. 학생이라면 공강 시간도 해당된다. 이처럼 그날그날 환경과 상황에 따라 계획한 일이 빨리 끝나거나 혹은 늦어지는 경우가 생긴다.

일과가 매일 비슷한 나만 해도 자투리 시간이 많이 생긴다. 점심 시간에 혼밥을 할 때와 누군가와 함께 밥을 먹을 때 소요되는 시간이 다르고 분장을 받을 때도 분장실 상황에 따라 시간이 달라진다. 또 아침 6시부터 저녁 6시까지 중간중간 방송이 끼어 있는 경우에는 방송 사이사이 시간이 남는다. 이동 시간도 있고 녹화 전 대기시간도 상당히 길다.

5분, 10분, 길게는 30분… 예상치 못하게 생기는 자투리 시간을 멍하니 보내면 그 시간은 죽은 시간이다. 반대로 아무리 짧은 시간도 잘 활용하면 생각보다 많은 일을 처리할 수 있고 생활에 여유를 확보할 수 있다. 죽은 시간을 살리는 심폐소생술, 자투리 시간을 활용하는 법을 알아보자.

나에게 맞는
자투리 시간 활용법 찾기

앞서 정리했던 자신의 시간 일지를 보면서 주로 언제 어느 정도의 자투리 시간이 남는지를 파악해 적어보자.

- 회의 시작까지 대기시간 : 10분
- 점심 먹고 남는 시간 : 40분
- 분장을 받기 위해 기다리는 시간 : 10분
- 더빙 전 대기시간: 약 10분

    일과가 거의 비슷한 나는 자투리 시간도 매일 비슷하게 발생한다. 아침 회의를 하러 회의실로 이동해서 모두가 모이길 기다리는 짧은 순간에도 많은 일을 할 수 있다. 어제 뉴스에 대한 피드백도 보고 오늘 아침에 들어온 새로운 소식도 확인하고 잠깐 메일을 확인하거나 오늘 아이템에 관한 인터넷 기사를 미리 찾아보기도 한다. 점심시간엔 주로 혼밥을 하기 때문에 빠르게 밥을 먹고 사무실로 들어오면 상당히 긴 시간을 활용할 수 있다. 이때는 주로 오전에 다 읽지 못한 신문을 마저 읽고 오후 회의를 준비한다.

    이처럼 자투리 시간을 모으면 생각보다 꽤 긴 시간이 만들어지고, 이를 활용할 수 있는 방법도 다양하다. 출퇴근 시간에 책을 읽는다고 하면 1년에 수십 권의 책을 읽을 수 있을 것이다. 영어 단어를 외우면 수천 개의 단어를 외울 수 있을 것이다. 하다못해 잠깐 스트레칭을 하며 몸을 풀어주는 것도 일의 능률을 높이는 데 엄청나게 도움이 될 것이다.

    잠산의 시산에 할 수 있는 일들을 미리 정해놓자. 예상치 못하게 발생하는 시간을 무심코 흘려보내지 말고 적극적으로 활용해보자. 5분의 시간이 남았을 때 무엇을 할 수 있는지, 10분의 시간이 주어졌을 때 어떤 일을 할 것인지 시간별로 정리하는 것도 도움이 된다. 혹은 주제별로 공부나 운동, 자기계발 등으로 나눠서 할 수 있는 일들을 정리해보자. 자투리 시간을 잘 활용하면 시간 낭비를 줄일 수 있다. 5분, 10분이 절대 짧고 사소한 시간이 아니다.

자투리 시간에 훨씬 집중이 잘되기도 한다. 잠깐 쉬는 시간에는 영어 단어를 외운다. 영어 단어를 정리하는 수첩을 항상 책상 위에 올려놓고 수시로 열어본다. 이것은 짧은 시간을 가장 효과적으로 활용할 수 있는 일이라고 생각한다. 이마저도 피로감이 느껴질 땐 책을 펼친다. 한 줄, 두 줄이라도 좋아하는 책을 펼쳐 기분 전환을 한다. 책으로도 안 되면 잠깐 밖으로 나간다. 좋아하는 음악을 들으며 계단을 오르내리거나 잠깐 하늘을 보며 에너지를 충전한다.

이처럼 자투리 시간만 제대로 활용해도 주어진 시간을 두 배로 늘려 쓸 수 있다. 또 생각지도 못한 많은 일을 해내고 성취할 수 있다. 당장 눈에 보이는 성과가 나타나지는 않더라도 짧은 시간도 그냥 흘려보내지 않았음에 대한 성취감과 만족감은 엄청나다. 이렇게 얻은 성취감이 업무를 할 때도 활력이 되고 더 큰 일에 도전할 수 있는 용기를 줄 것이다.

＊

하는 일 없이 시간을 허비하지 않겠다고 맹세하라.

우리가 항상 뭔가를 한다면

놀라우리만치 많은 일을 해낼 수 있다.

— 토마스 제퍼슨

잘 쉬는 것도
중요한 하루 루틴

　　　매일 목표하고 계획한 대로 살아내기 위해서
는 철저한 시간 관리만큼이나 체력 관리, 마음 관리도 정말 중요
하다. 체력만큼은 그 누구에게도 뒤지지 않을 자신이 있었던 나는
주변 사람들 모두가 인정하는 '체력왕'이었다. 며칠 밤을 꼬박 새워
공부해도 쉽게 지치지 않았고 숙직을 할 때 잠 한숨 자지 않아도 거
뜬했다. 새벽 5시에 시작해 저녁 8시가 다 돼서야 끝나는 주 7일 근
무도 힘들지 않았다. 일하면서 피곤하다는 말을 별로 해본 적이 없
었다. 그만큼 일하는 게 즐거웠고 그래서 휴가도 잘 안 갔다.

　　그런 나를 보며 선배들은 그러다 큰일 난다며 걱정했지만 끄떡 없었다. 좋아하는 일을 하는 데 지칠 틈이 없었다. 오히려 일하다 보면 신기하게 에너지가 생겼다. 그렇게 멈추지 않고 말 그대로 미친 듯이 달려가고 있을 때 한 선배가 이런 말을 했다.

"재은아, 휴식도 노력이 필요해. 아무리 좋아하는 일이라도 몸이 지치면 결국 지치게 돼 있어. 길게 봐야지. 쉬는 것도 전략적으로 해야 해."

그 선배 말이 맞았다. 아무리 좋아하는 일이라고 해도 몇 년 동안 쉬지 않고, 브레이크 없이 전속력으로 달리다 보니 가끔 예전 같지 않게 삐걱거리는 느낌이 들 때가 있었다. 확실히 더 이상 열정만으로는 되지 않는다는 사실을 깨달았다. 내가 뛰고 있는 이 경기는 단거리 경기가 아니라 마라톤 아닌가. 오래 잘 달리기 위해서는 페이스 조절이 필요하다. 더 즐겁게 일하기 위해서 지혜롭게 쉬고 에너지를 충전할 수 있는 방법을 찾기로 했다.

잠깐 멈춤,
하루에 한 번은 하늘을 보자

정신없이 하루를 살아내다 보면 잠깐 숨 돌릴 틈도 없을 때가 많다. 점심을 거를 때도 있고 너무 바빠서 화장실 가는 것조차 잊기도 한다. 잠깐이라도 몸과 마음에 쉼을 주고 에너지

세 번째 주문

를 충전할 수 있는 방법을 찾아보기로 했다. 오랜 시간을 들이지 않고 멀리 가지 않아도 에너지를 충전할 방법은 의외로 많았다.

그중에 하나는 하늘 보기! 바쁘고 분주한 일상 가운데서도 내가 꼭 하는 일은 하루에 한 번 하늘을 보는 일이다. 하늘 덕후인 나는 멍하니 하늘 보는 시간을 좋아한다. 사진도 찍는다. 휴대전화 사진첩에는 셀카보다 하늘 사진이 훨씬 많다. 맑은 날도 흐린 날도 비가 오는 날도 심지어 밖에 나가지 못하는 경우엔 회사 건물 큰 창을 통해 보이는 하늘을 멍하니 바라보기도 한다. 하늘을 보는 잠깐의 시간은 충전의 시간이다. 오늘 하루를 잘 살아내고 있는지, 돌아보고 반성하고 다시 살아갈 힘을 얻는다.

바쁜 하루 가운데 잠깐 멈춰 서서 나만의 시간을 갖는 건 정말 중요하다. 하늘도 보고 나무도 보고 잠깐 산책도 하고 좋아하는 음악도 들으면서 마음의 여유를 찾아보자. 계절에 따라 시간에 따라 변하는 하늘의 모습을 보고 있으면 그 자체만으로 최고의 힐링이 된다. 높고 넓은 하늘 아래 내가 얼마나 작은 존재인지 새삼 깨달으면 모든 욕심과 집착이 저절로 사라진다. 스스로를 다독이며 휴식을 주자.

'열심히 열정적으로 살되 너무 애쓰지는 말자. 집착하지 말자. 물 흐르듯이 그렇게 걸어가보자.'

작은 기쁨을
놓치지 말자

⋯⋯⋯ 목표를 정하고 계획을 세우고 열정적으로 하루를 살아가는 과정에서 스스로 기쁨과 보람, 행복을 누리는 것이 지치지 않는 비결이다. 매일 아침 기도와 묵상으로 하루를 시작하는 이유도 여기에 있다. 중요한 것을 잊지 않기 위해서다. 눈앞에 있는 무언가를 성취하기에 급급하다 보면 내 마음과 건강을 돌볼 여유가 사라진다. 정작 가장 중요한 것을 놓치게 되는 거다.

아침 일찍 눈떴을 때 새벽 공기를 들이마시며 또 새로운 하루를 시작할 수 있음에 감사하는 마음을 갖는 것. 파란 하늘을 보며 기뻐할 수 있는 여유를 누리는 것. 쓸데없는 데 에너지 쓰지 않는 것. 내가 좋아하는 일, 하고 싶은 일, 작은 기쁨을 놓치지 말아야 한다. 나를 기쁘게 하는 사소한 즐거움을 수시로 찾아보자.

이해인 시인의 〈작은 기쁨〉이라는 시를 좋아한다. 일상에 치여 자칫 놓치게 되는 주변의 작은 기쁨들을 일깨워 일상의 행복을 느끼게 해주기 때문이다. 시인의 말처럼 먼 길을 가기 위해 소소하고 작은 기쁨들과 친해져보자. 아침에 눈을 떴을 때도 밤에 눈을 감을 때도 기쁨이 가득하도록.

크게 심호흡하며 긴장 풀기, 눈을 감고 살랑이는 바람 즐기기, 맑고 시원한 공기 들이마시기, 달콤한 커피 한잔 들고 좋아하는 음악 들으면서 산책하기, 동료들과 짧은 수다 즐기기, 고맙다고 말하기, 자주 웃기, 이런 소소한 행복을 누리는 것이 정말 중요하다. 잠깐 숨을 고르면서 쉬지 않고 달려온 나를 위로하고 다시 달려갈 에너지를 충전한다.

아무리 하루를 열심히 살아낸다고 해도 내가 행복하지 않다면 아무 소용이 없다. 순간순간을 즐기면서 행복을 얻기 위해 노력하는 것도 필요하다. 평소 책상 위에 올려두고 자주 읽는 책이 있다. 마쓰우라 야타로의 《일의 기본 생활의 기본 100》(오근영 옮김, 책읽는수요일, 2016)이라는 책이다. 성공과 실패를 거듭한 끝에 작가는 생활의 기본으로 삼아야 할 것이라고 확신하게 된 100가지 목록을 정리했다. 그중에서도 86번째 장에 있는 휴식에 대한 글은 내가 제일 좋아하고 공감하는 내용이다.

휴식도 업무입니다. 적절하게 휴식을 취합시다. '식사도 하지 않고 죽어라 일했다'라고 자랑하지만 그 질은 어떨까요. 얼렁뚱땅 해치웠을지도 모릅니다. 중요한 것을 놓쳤을지도 모릅니다. 예를 들면 '두 시간 집중하고 나면 반드시 15분은 쉰다' 이런 식으로 규칙을 정합니다. 자리에서 일어나 손을 씻거나, 주변을 산책하거나, 차를 마십니다. 그것만으로도 지금부터 두 시간의 업무효율이 부쩍 오를 것입니다. 휴식을 취하는 것과 게으름을 피우는 것은 전혀 다른 것입니다.

집중력 있게 일을 잘해내기 위해서는 그만큼 휴식도 매우 중요하다. 뜻대로 되지 않거나 우울한 기분이 들거나 무기력해질 때 억지로 하려 하지 말고 일단 하던 일을 멈추고 일어나라. 짧은 휴식을 온전히 누리고 음미하자.

답답하고 짜증이 날 때는 감사한 일들을 머릿속으로 떠올려보자. 좋아하는 일을 할 수 있어서 감사하며 나를 응원해주는 가족과 동료들이 있어서 감사하다. 만약 감사한 일이 정 생각이 안 나면 그냥 '감사하다'라는 말을 계속 입으로 뱉어보는 것만으로도 도움이 된다.

잠깐이지만 감사의 시간을 가지고 나면 언제 그랬냐는 듯 마음과 생각이 가벼워지는 경험을 하게 될 것이다. 우울하고 지쳐 있던 마음에 다시 활력이 돌고 에너지가 생기고 달려갈 힘이 충전된다.

*

JANN'S NOTE

지쳐 나가 떨어지지 않도록 하십시오.

늘 힘과 열정이 가득한 사람이 되십시오.

- 로마서 12:11

네 번째 주문

"같이 공부할래?"

나를 성장시키는 매일의 공부

잰느미온느의
타임터너

엉덩이 무거운 건
내가 1등

내가 본격적으로 아나운서의 꿈을 꾸기 시작한 건 고등학교 1학년 때다. 영어 공부를 제대로 하고 싶다는 마음 하나로 미국으로 떠났다. 교환학생 프로그램들을 찾아 시험을 보고 텍사스 댈러스의 한 공립 고등학교로 향했다.

그렇게 가게 된 미국에서의 생활은 생각보다 쉽지 않았다. 상상 이상으로 힘들었다. 한국에서는 나름 영어 좀 한다고 자부했었는데 알고 보니 나는 우물 안 개구리였다. 막상 미국에 가니 영어가 한마디도 들리지 않았다. "뭐 먹고 싶니?"라는 간단한 질문에도 제대로

네 번째 주문

답변을 하지 못할 정도였다.

정말 밑바닥부터 다시 시작해야 했다. 처음 학교에 가서 수업 시간에 자기소개를 하던 날의 기억이 생생하다. 선생님이 한국에서 온 친구라고 소개하며 궁금한 점이 있으면 물어보라고 했다. 한 친구가 손을 들고 물었다.

"Are there TVs in Korea?"(한국에도 TV가 있어?)

내가 잘못 들은 건가 싶었다.

"Sorry?"(뭐라고?)

그 친구는 교실 앞에 있는 TV를 가리키며 다시 물었다.

"TV! Do they have TVs in Korea?"

너무 당황해서 말이 나오지 않았다. 한국에 TV가 있냐고 물은 건가, 지금? 심지어 그 친구가 가리킨 TV는 한국 회사 제품이었다.

"당연하지! 너희가 보는 저 TV 우리나라에서 만든 거야!"

수업 첫 시간부터 굴욕을 당한 이후, 나는 이 친구들에게 한국이 얼마나 멋진 나라인지 알려주고 싶었다. 이러한 결심은 영어 공부를 하는 데 좋은 자극이 되었다.

11개월 동안 미국에서 생활하면서 영어도 많이 배웠지만 미국 문화를 비롯한 다양한 경험을 했다. 그중에 하나가 스포츠였다! 내가 생활하던 집의 호스트 부모님이 스포츠를 좋아해서 매일 함께 다양한 경기를 봤다. MLB, NBA, NFL, 테니스까지. 내가 아나운서가 되고 싶어 하는 걸 알았던 호스트 부모님은 손수 마이크를 만들어주며 경기를 볼 때마다 중계나 뉴스 연습을 해보라고 했다. 현장 경기도 자주 데려가주었다.

처음 NBA 경기를 현장에서 보던 날을 잊을 수가 없다. 당시 내가 있던 댈러스의 구단인 매버릭스는 덕 노비츠키를 앞세워 우승을 노리고 있었고, 나는 유니폼에 피켓까지 정성스럽게 만들어 응원하러 갔다. 선수들도 너무 멋지고 경기도 재미있었지만, 무엇보다 내 눈을 사로잡은 것은 박진감 넘치게 경기를 전하는 아나운서들의 모습이었다. 그 모습을 보며 아나운서의 꿈은 더욱 확고해졌다.

6년 후, 나는 아나운서가 되었고 꿈에 그리던 스포츠 경기의 중계도 맡았다. 2014년 소치 올림픽을 시작으로 같은 해 브라질 월드컵과 인천 아시안게임, 2016년 리우올림픽, 2018년 평창올림픽을 비롯한 동·하계 올림픽 월드컵과 아시안 게임 등 각종 국제 대회에 참여했다. 개회식과 폐회식을 비롯해 리듬체조, 피겨스케이팅 그리고 메이저리그 중계까지 뜨거운 스포츠 이벤트 현장에 매번 함께하는 기쁨을 누릴 수 있었다. 스포츠를 좋아하던 어린 학생은 마침내 성공한 덕후가 된 것이다.

올림픽 같은 국제 대회를 현장에서 중계할 수 있는 기회는 사실 쉽게 주어지는 것은 아니다. 여자 아나운서의 경우 더욱 그렇다.

그런 사실을 너무나 잘 알기에 감사한 마음만큼 최선을 다해서 잘 해내고 싶었다. 그리고 그 방법은 바로 공부였다.

방송은 기술이 아니라 공부로 하는 거라고 생각한다. 그중에서도 스포츠 방송이 가장 그렇다. 배경지식이 없으면 한마디도 할 수 없는 방송이다. 그리고 이게 매력이기도 하다. 다행히 누구보다 엉덩이가 무겁다고 자부하는 나이기에, 그 '엉덩이 힘'으로 10년을 달려왔다.

끊임없이
공부하는 이유

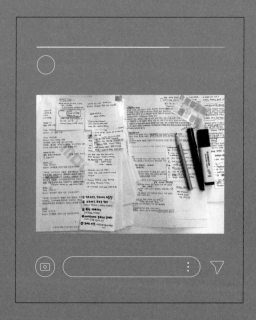

'공부를 왜 해요?'

내가 운영하는 유튜브 채널 영상에 종종 달리는 댓글이다. 주로 일상을 담은 브이로그(영상일기)를 찍어 올리는데, 밥 먹는 시간 빼고는 거의 공부하는 영상이 대부분이다 보니 이런 댓글이 달릴 법도 하다. 아침에 일어나서 영어 공부를 하고 출근하자마자 신문을 읽고, 뉴스를 하고 퇴근하기까지 온종일 공부를 하며 보내는 모습이 신기하다는 거다.

어느덧 아나운서 10년 차. 그동안 뉴스, 스포츠, 예능, 시사교양, 라디오까지 다양한 방송을 진행하면서 느낀 점은 방송은 결국 '공부'라는 사실이다. 아나운서로서 좋은 방송을 만드는 방법은 오직 하나, 치열한 공부와 노력밖에 없다고 생각한다. 방송 능력이 엄청나게 탁월한 것도 아니고 타고난 재능이 훌륭한 것도 아닌 나를 지금까지 방송국에서 버틸 수 있게 해준 건 바로 끊임없는 공부였다. 뉴스를 전할 때 확실하게 내용을 파악하고 이해한 뒤에 전하는 것과 그렇지 않을 때는 눈빛부터가 다르다. 목소리에서 느껴지는 힘도 다르다. 허락된 시간 안에 모든 내용을 전문가만큼 완벽하게 이해할 수는 없다. 그렇기에 더더욱 지금 내가 할 수 있는 한 최대한의 노력을 다한다. 그래서 어떤 방송을 맡게 되든 내가 가장 먼저 하는 일은 공부다. 특히 뉴스를 진행하는 지금은 대부분의 시간을 책상 앞에서 보낸다.

앞서 소개한 것처럼 나의 일과는 수험생과 크게 다르지 않다. 매일 시험을 보러 가는 기분으로 출근을 한다. 〈뉴스데스크〉 진행이라는 어려운 시험이 나를 기다리고 있다. 평소에 출근할 때 '일을 한다', '뉴스를 한다'가 아닌 '공부하러 간다'고 말하는 이유다. 공부없이는 감당해낼 수 없는 자리라는 사실을 너무나 잘 알기에 끊임없이 공부하고 배우고 고민한다. 그리고 감사하게도 그런 노력의 시간이 늘 즐겁고 행복하다.

성장이 보이면
공부가 즐겁다

스포츠 중계는 공부를 하지 않으면 단 한마디도 할 수 없는 방송이다. 그리고 그 점이 가장 큰 매력이기도 하다. "여러분 안녕하십니까."로 시작하는 첫인사부터 "지금까지 캐스터 이재은이었습니다."로 마치는 클로징 멘트를 할 때까지 짧으면 한 시간, 길면 서너 시간이 넘는 분량을 스스로 채워야 한다. 중계하는 종목에 대한 완전한 이해와 공부 없이는 아무리 진행 기술이 뛰어난 베테랑이라도 절대 끝까지 이끌어갈 수 없다. 나 같은 애송이는 오죽할까. 몇 날 며칠 밤을 새워 공부해도 턱없이 부족한 것이 현실이다.

나의 첫 올림픽은 2014년 소치 동계 올림픽이었다. 올림픽을 앞두고 러시아 소치 출장이 결정되기도 전 무작정 러시아어 학원에 등록했다. 회사 근처엔 당연히 학원이 없었고 과외 선생님을 구하고 싶었지만 마땅치 않았다. 퇴근하면 버스를 타고 종로에 있는 러시아어 학원에 가서 일주일에 세 번씩 공부했다. "즈드라스 부이쩨!"(안녕하세요!), "쓰빠시바."(감사합니다.) 난생처음 들어본 언어를 열심히 배우고 익혔다.

소치에서 내가 맡은 역할은 메인 MC였다. 스튜디오에서 그날그날 방송의 문을 여닫고 경기와 경기 사이를 이어주는 게 나에게 주

"같이 공부할래?"

155

어진 임무였다. 쉽게 말해 앞서 방송하던 쇼트트랙 중계가 생각보다 빨리 끝나면 다음 중계인 스켈레톤 경기장으로 넘어가기 전에 시간을 끌어주는 역할이다. 아주 길게 시간을 끌어야 하는 경우도 있고 시간이 없을 땐 아주 짧은 문장으로 다음 중계로 넘겨야 하는 경우도 있다. 순발력뿐 아니라 전체 종목에 대한 이해와 숙지가 없이는 힘든 일이다.

현지에서 진행하는 경우 옆에서 함께 도와주는 작가나 스태프가 없기 때문에 스튜디오 안에서 대기하며 모든 경기를 다 보고 대본도 쓰고 시간이 남을 때 전할 수 있는 다양한 버전의 정보를 준비한다. 너무 급한 경우 큐사인도 미리 받지 않고 넘어오는 경우도 종종 있기 때문에 항상 철저한 대비가 필요하다. 다행히 석 달 동안 열심히 익힌 러시아어 인사말과 간단한 대화를 나름 유용하게 써먹을수 있었다. 특히 러시아어를 배우면서 익혔던 러시아 문화들도 현지에서 생활하고 방송을 하는 데 도움이 됐다.

그 후로 올림픽이나 월드컵 같은 국제 대회 출장이 있을 때마다 내가 제일 먼저 준비한 건 그 나라의 언어를 배우는 것이었다. 미리 언어와 문화를 배우면서 그 대회를 어떻게 준비해나갈지 큰 방향과 길을 잡을 수 있었다. 현장에 가서 사람들을 만나고 인터뷰할 때는 물론 특히 그 나라의 문화가 주로 소개되는 개회식이나 폐회식을 진행할 때 큰 도움이 됐다.

매년 봄에는 미국으로 메이저리그 스프링캠프 출장을 떠났다. 시즌 시작을 앞두고 훈련이 한창인 선수들 모습을 생생하게 전하고, 어떻게 준비하고 있는지, 올 시즌 각오는 어떤지 인터뷰를 진행하는 것이 내 일이었다. 당연히 한국 선수들을 제외한 모든 선수의 인터뷰는 영어로 진행했다. 영어 공부를 좋아하기도 하고, 인터뷰 준비도 정말 열심히 해 갔지만 TV에서만 보던 슈퍼스타 선수들을 붙잡아 인터뷰하려니 말이 쉽게 트이질 않았다. 영어도 영어지만 야구 이야기를 영어로 해야 한다는 점이 특히 어려웠다. 선수들에게 질문을 던지는 것까진 한다고 해도 답변을 듣고 그에 대한 후속 질문을 전혀 하지 못했다. 창피하고 자존심도 상했다.

출장에서 돌아오자마자 당장 영어 과외를 시작했다. 외국인 선생님 중에 야구를 비롯한 스포츠를 잘 알고 좋아하는 선생님을 찾았다. 일주일에 한두 번씩 만나서 영어로 야구 이야기를 하고 야구 용어를 공부하고 인터뷰 연습을 했다. 선생님이 선수 역할을 해주고, 질문을 주고받으며 공부를 했다. 또 매일 메이저리그 현지 중계를 찾아 들으며 공부했다. 미국 캐스터의 중계와 인터뷰를 들으면서 공부하니 안 들리던 야구 용어도 잘 들리고 선수들을 어떻게 대해야 하는지도 자연스럽게 익힐 수 있었다.

그러지 그다음 해 출장을 샀을 땐 전과는 확실히 달라진 게 느껴졌다. 그다음 해는 더 달랐다. 영어 실력이나 인터뷰 기술도 좋아졌지만 제일 중요한 자신감이 생겼다. 겁내지 않고 다가가서 농담을 주고받으며 자연스럽게 인터뷰를 진행할 수 있었다. 좀 더 능동적이고 적극적으로 방송을 이끌어나갈 수 있게 된 것이다.

공부한 시간은 나를 배신하지 않는다. 시간을 들인 만큼 변화는 분명 나타난다. 공부라고 하면 따분하고 힘들다는 부정적인 생각부터 떠올리는 사람이 많을 것이다. 10대, 아니 20대 초반까지 공부를 하며 보내고 드디어 취업을 했는데 또 공부를 해야 한다니! 갑갑하게 느끼는 사람도 있을 것이다. 하지만 내가 공부한 것이 바로 현장에서 쓰이고, 그것이 성과가 되어 돌아오는 경험을 해보면 공부는 즐거운 것이 된다. 그 성취감이 얼마나 짜릿한지 한 번 맛보면 절대 멈출 수 없을 것이다.

가장 유능한 사람은

가장 배움에 힘쓰는 사람이다.

— 괴테

한 번쯤은 미친 듯이
몰입해보자

올림픽 현지 출장을 가면 항상 제일 먼저 출근하고 제일 늦게 막차를 타고 숙소로 돌아왔다. 현장에 가면 전 세계 방송국들이 모여서 올림픽 방송을 만드는 IBC라는 국제 방송센터가 있는데 IBC 사무실의 문지기가 되기로 했다. 특히 2018년 평창 동계 올림픽 당시엔 문지기 역할을 제대로 했다. 매일 새벽 3시 반, 살을 에는 듯한 추위를 뚫고 IBC에 도착하면 온 세상이 컴컴하고 고요했다. 꽁꽁 닫혀 있는 사무실 문을 따고 늘 가장 먼저 출근했다. MBC뿐 아니라 아마 전 세계 방송국 통틀어서 1등 출근이 아니었을까 싶다

사무실에서 분장을 받고 30분 거리에 있는 뉴스 스튜디오로 이동해서 아침 뉴스를 하고, 바로 이어서 당시 진행하던 〈생방송 오늘 아침〉이라는 방송을 통해 올림픽 소식을 전했다. 그리고 끝나자마자 곧장 피겨스케이팅 중계를 위해 차를 타고 평창에서 강릉으로 이동했다. 셔틀을 타기 위해서는 줄을 서서 기다려야 하고 오고가는 데만 세 시간이 걸렸다. 그렇게 며칠을 해보니 도저히 안 되겠다 싶었다. 자칫 중계 시간 안에 도착을 못 할 것 같아 선배에게 부탁해서 회사 차를 받았다. 함께 중계했던 김해진 해설위원과 함께 꼬불꼬불 산길을 넘어 강릉 아이스 아레나 경기장으로 향했다. 그리고 매일 세 시간 넘게 이어지는 피겨스케이팅 중계를 마치고 다시 평창에 있는 IBC로 돌아왔다.

사무실로 돌아오면 그때부터 내일 있을 중계 준비에 돌입했다. 다시 책상에 앉아서 공부를 시작했다. 그날 했던 중계 모니터링부터 선수들 기록 정리 등등 경기를 앞둔 선수들의 마음으로 다음 날 중계를 준비했다. 그런 빡빡한 일정이 3주 내내 이어졌지만 한 번도 피곤하거나 힘들다는 생각이 든 적이 없었다. 올림픽 현장에서 선수들과 나도 함께 뛰고 있다는 사실이 늘 즐겁고 감사하고 행복했다.

출장을 갈 때마다 '정말 이 이상은 못 한다' 싶을 만큼, '이건 한계다' 싶을 만큼 후회 없이 최선을 다했다. 세네 시간만 자면서 치열하게 온 마음과 정성을 쏟아부었다. 마치 오늘이 마지막 방송인 것처럼 말이다. 애초에 '즐거운 마음으로 고생 좀 하고 오자'라는 마음으로 수련회를 가듯 출장을 떠난다. 나의 모든 것을 쏟아부으며 치열하게 3주를 보내고 돌아오면 확실히 한 단계 성장한 나의 모습을 마주하게 된다. 방송적으로도 인간적으로도 더 강해지고 단단해진 것을 느낄 수 있다. 올림픽은 나에게 늘 연단의 시간이다.

진짜 공부는
현장에서

.... 책상 앞에서 하는 공부도 중요하지만 실무와 현장 또한 중요하다. 방송을 하며 내가 무엇보다 중요하게 생각했던 건 '현장 공부'였다. 가능하면 무조건 현장에 직접 나가서 경기를 관람했다. 실제로 현장에서 경험한 것과 스튜디오 안에서만 전하는 방송은 완전히 다르다. 현장의 분위기, 선수들의 플레이, 중계 부스와 중계차의 긴박함까지 경험해보지 않은 사람은 절대 알 수 없다.

스케줄이 허락하는 선에서 농구, 축구, 야구, 골프, 탁구, F1까지 중계가 잡힐 때마다 종목을 가리지 않고 따라나섰다. 선배들이 지방으로 농구 중계를 갈 때는 옆에서 플로어 리포팅을 했고, 골프 중계를 따라가서는 하루 종일 홀을 돌며 선수들 인터뷰를 했다. 다음 날 새벽 방송이 있는 날에도 밤 늦게까지 궁셰늘 하고 경기가 끝나자마자 기차역까지 열심히 달려 겨우 막차를 타고 복귀하는 날도 많았다. 막차 시간에 맞추려고 높은 구두를 신은 채 엄청 뛰어다녔던 기억이 생생하다(스포츠에 대한 열정과 무릎 관절 건강을 그때 맞바꿨던 것 같다). 그럴 때마다 스포츠국 선배들은 "너 같은 아나운서는 처음 봤다."라고 혀를 내둘렀다.

현장에 나가지 못할 때는 영상으로라도 내가 진행하는 프로그램에서 다루게 될 모든 경기를 다 보고, 방송 전날부터 스포츠국에 내려가 선배들이 편집하고 있는 영상들을 옆에서 하나하나 챙겨봤다. 편집실 구석에서 밤새 공부를 하다가 분장 받는 시간마저 아까워 전날 받은 화장 그대로 다음 날 아침 방송을 하기도 했다. 그렇게 대부분의 시간을 스포츠국에서 보내다 보니 스포츠국 선배들을 아나운서국 선배들보다 더 자주 만났다. 선배들은 스포츠국에 자리를 줄 테니 사무실을 아예 옮기라며 농담을 하기도 했다. 지금 생각해 보면 정말 유난이다 싶기도 하다. "너 같은 아나운서는 처음 봤다." 는 선배들의 말이 마냥 칭찬은 아니었을지도 모른다.

처음엔 선배들이 하는 방송에 발만 슬쩍 담가도 좋겠다고 생각했는데, 그렇게 하루하루가 쌓이다 보니 어느 순간 스포츠의 세계에 깊숙이 들어가 있었다. 경기 리포팅부터 선수 인터뷰, 스튜디오 진행, 중계까지 내가 할 수 있는 일들을 차근차근 해나갔다. 좋아하는 일이 업이 되면 오히려 힘들다고 말하는 사람도 있었지만, 좋아하는 일을 매일 할 수 있어서 너무 행복했다. 여전히 부족했지만 그래도 현장에서 최대한 많이 부딪히고 나니 어느 정도 자신감도 생겼다.

단 10분을 위해
한 시간 공부하는 이유

....   예능에도 공부가 필요할까? 예능 프로그램을 많이 해보진 않았지만 내가 경험했던 예능은 그 어떤 방송보다 어려웠다. 정신을 바짝 차리지 않으면 말 한마디도 제대로 못 해 밥값도 못 하는 최악의 상황이 발생한다. 예능 프로그램을 만드는 코미디언은 하나의 코너를 만들기 위해 매일 신문을 보고 치열하게 공부하고 연구한다는 인터뷰를 본 적이 있다. 시대 흐름에 뒤처지지 않으면서 순발력 있고 센스 있는 진행을 위해서는 끊임없는 공부가 필요하기 때문이다.

지금은 폐지됐지만 〈섹션TV 연예통신〉을 진행할 때, 리포터 박슬기 씨를 보며 정말 많은 것을 배웠다. 그녀는 자타공인 최고의 리포터였고, 최고의 인터뷰어였다. 누구를 만나도 늘 활기차고 재미있고 매끄럽게 진행했고 심지어 스튜디오에서도 멘트를 틀리는 걸 단한 번도 본 적이 없다. 그녀의 방송은 늘 완벽했다. 당연히 타고난 방송일 거라고 생각했다. 그런데 아니었다. 물론 타고난 끼도 있겠지만 그녀 역시 누구보다 치열하게 공부하는 사람이었다. 인터뷰가 잡히면 인터뷰를 하게 될 대상의 신상과 정보, 출연했던 작품들과 과거 인터뷰들까지 하나하나 꼼꼼하게 찾아보고 공부한다고 했다. 그런 노력이 있기에 완벽한 인터뷰가 나올 수 있었던 거다.

그래서 나도 그렇게 공부했다. 가수, 영화배우, 뮤지컬 배우, 뮤직비디오 현장, 광고 촬영, 드라마 제작발표회 현장까지 항상 인터뷰를 나가기 전에 꼼꼼하게 공부했다. 그 사람이 출연했던 작품들, 그동안 했던 인터뷰 기사들, SNS까지 하나하나 공부하고 준비했다. 〈섹션TV 연예통신〉 같은 연예 프로그램 인터뷰를 나가면 대기시간이 상당히 길다. 실제 인터뷰를 하는 시간보다 대기시간이 더 길다. 특히 내한한 할리우드 배우 같은 경우엔 하루에 수십 개의 인터뷰를 진행하기 때문에 인터뷰가 뒤로 밀리기라도 하면 큰일이다. 주어진 시간 안에 모든 질문을 마쳐야 한다.

영화 〈어벤져스〉 팀이 내한했을 때 인터뷰를 나갔다. 베네딕트 컴버배치, 톰 히들스턴, 톰 홀랜드 같은 할리우드 배우들을 인터뷰할 수 있는 영광이 주어진 것이다. 워낙 마블 영화의 팬이기도 하고 할리우드 배우들을 단체로 인터뷰할 생각에 떨리고 긴장이 됐다. 배우들의 최근 근황부터 영화 이야기까지 꼼꼼하게 공부하고 질문을 준비했다. 오랜 기다림 끝에 내 순서가 됐지만 주어진 시간은 10분도 안 됐다. 네 명의 배우들과 즐겁게 대화를 나누다 보니 시간이 훌쩍 지났다. 내 차례가 끝나간다는 사인이 오자 마음이 급해졌다. 준비한 질문을 다 못 한 건 당연하고 영화 이야기도 제대로 못 해 아쉬웠다. 그런데 그때 배우들이 먼저 나서서 인터뷰를 더 하고 싶다고 말했고 주어진 시간보다 길게 인터뷰를 할 수 있었다.

배우들이 그렇게 배려해준 건 내가 많이 준비해왔다는 것을 느꼈기 때문이 아닐까. 단 10분을 인터뷰하더라도 단 하나의 질문을 하더라도 미리 공부한 사람과 아닌 사람은 티가 나기 마련이다. 오히려 시간이 짧기 때문에 사전 준비가 더 중요하다. 단 하나의 질문을 해야 할 때 최고의 질문을 하기 위해 더 많은 준비가 필요한 것이다.

정보의 흐름을
빠르게 파악하는 법

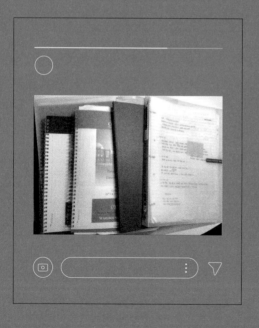

　　　사회인으로서 내가 하는 공부는 학교 다닐 때
처럼 누군가 범위나 분량을 정해주지도 않고 시험으로 테스트해주
지도 않는 이를테면 독학이다. 뭘 공부할지, 어떻게 공부할지 스스
로 선택하고 계획해야 한다. 그리고 테스트는 다름 아닌 현장에서
한다. 그만큼 자유롭지만 이어가기 힘들기도 하다. 내가 터득한 효
과적으로 공부하는 방법을 지금부터 소개해보려고 한다.

　　대학 시절 〈방송 기사의 작성〉이라는 수업을 들은 적이 있다. 말
그대로 방송 기사를 어떻게 쓰는지 배우고 실제로 뉴스를 만들어
보는 실습수업이었다. 당시 그 수업의 핵심 과제가 신문 스크랩이었

다. 매일 신문을 읽고 스크랩을 하고 직접 헤드라인도 뽑아보고 나의 생각을 정리하는 게 과제였다. 강의 시작 전에 교수님이 출석 체크 대신 스크랩 노트 검사를 했다. 그땐 마치 밀린 일기 쓰듯이 억지로 스크랩 노트를 채워 넣기도 했다. 방학 땐 신문들이 기숙사 방 한편에 쌓여갔던 기억이 난다.

당시엔 신문 스크랩이 제일 귀찮은 과제였는데, 매일 신문을 읽고 스크랩을 했던 그 습관이 입사 시험을 준비할 때 가장 도움이 됐다. 꾸준하게 매일의 이슈를 정리할 수 있었고, 따로 시간을 내어 시사 공부를 하지 않아도 자연스럽게 공부가 됐다. 다른 사람들과 모여서 스터디를 하는 대신 신문을 보고 정리하고 나의 생각을 말하는 연습으로 시험을 준비했다.

습관이라는 게 참 무섭다. 그때 밀린 일기 쓰듯이 했던 신문 스크랩 솜씨가 남아 있는지 지금도 신문을 보면 일단 오리고 붙이고 정리하고 싶어진다. 이제 내 스크랩 노트를 검사하고 피드백해줄 교수님은 없지만 오늘도 나는 신문을 읽고 스크랩하는 습관을 실천하고 있다.

매일 아침 사무실에 도착하면 책상 위에 아홉 종류의 신문이 가지런히 올려져 있다. 일곱 개의 일간지와 하나의 경제신문 그리고 영어신문이다. 여기에 오후 2시 넘어 도착하는 석간까지 더하면 총 열 종류의 신문을 읽는 게 나에게 주어진 숙제이자 뉴스를 맡게 된 이후로 꾸준히 지속하고 있는 습관이다. 조금 더 다양한 관점에서 깊이 있게 공부하고 싶은 욕심에 여러 종류의 신문을 구독하고 있지만, 실제론 하루에 신문 한두 개 읽는 것도 쉬운 일이 아니다. 일단 물리적인 시간이 부족하다. 신문을 정독해본 사람은 알겠지만, 신문은 읽으면 읽을수록 공부하면 할수록 더 많은 시간이 걸린다. 10분 만에 다 읽을 수도 있고 한두 시간이 걸리기도 한다. 그러다 보니 열 종류의 신문을 하루에 다 읽어내는 건 보통 어려운 일이 아니다.

어떻게 하면 짧은 시간 안에 최대한 효과적으로 기사를 읽고 공부하고 습득할 수 있을까 고민하다 시작한 게 바로 신문 스크랩이다. 신문을 읽으면 그날의 핵심 정보를 정리해주기 때문에 인터넷에서 취사선택해서 읽는 기사 중에 놓친 기사와 정보까지 빼놓지 않고 챙길 수 있다. 한마디로 다양한 정보를 골고루 습득할 수 있다.

스크랩은 그저 신문을 읽고 오려 붙이는 과정이 아니다. 내용을 더 깊이 이해하고 적극적으로 정보를 골라서 취득하고 정리하고 습득하는 시간이다. 수많은 정보를 나만의 방법으로 일목요연하게 정리하고 나에게 필요한 정보를 꾸준히 업데이트해가는 작업이다. 세상에 정보는 넘치지만 대부분은 그저 귓등으로 흘러가버린다. 그것을 붙잡아서 내 것으로 만드는 게 바로 신문 스크랩의 의미이자 가치다.

핵심은 꾸준하게
규칙적으로

신문 스크랩을 할 때 가장 중요한 건 꾸준함이다. 하루하루 쏟아지는 다양한 정보를 매일 조금씩이라도 정리하고 그 과정을 습관으로 만든다. 그러기 위해서는 기본적인 세팅이 필요하다. 먼저 신문을 읽는 시간, 스크랩하는 시간과 장소를 정해놓는다. 언제 신문을 읽을 것인지, 어디서 스크랩을 할 것인지, 얼마나 시간을 투자할 것인지 정한다. 그리고 그 시간에는 무슨 일이 있어도 신문을 읽는다.

이 과정을 습관화하는 것이 중요하다. 쉽고 간단한 일 같지만 늘 같은 시간 같은 자리에서 꾸준히 같은 일을 한다는 건 사실 엄청난 노력과 끈기가 없이는 불가능하다. 요즘처럼 인터넷만 켜면 핵심 기사들을 착착 정리해주는 시대에 신문지를 한 장 한 장 넘기면서 정성 들여 기사를 읽는 건 보통 정성이 아니고선 하기 어려운 일이다. 나에게 주어진 시간은 한정되어 있고, 그 시간 안에 오늘 할당된 양을 마무리하기 위해서는 전략이 필요하다.

스크랩할 때는 스크랩을 하는 목표 그리고 자신이 공부하고 싶은 분야와 주제를 정한다. 몇 개의 신문을 보느냐는 사실 중요하지 않다. 한 개의 신문을 좀 더 깊이 보고 분석해도 좋고, 여러 개의 신문을 보며 다양한 생각과 관점을 비교하는 것도 좋다.

자신의 목적에 따라 신문을 선택하면 된다. 자신이 공부하고 싶은 분야와 주제도 정한다. 목표와 주제가 확실하면 스크랩이 훨씬 수월하다. 수많은 정보 속에서 자신이 원하는 주제만 골라 정리하면 되기 때문에 시간도 절약할 수 있다. 경제 공부에 관심이 있다면 경제 전문지 하나만 봐도 충분하다. 정치에 관심이 있다면 신문사마다 성향과 관점이 다르기 때문에 두세 개의 신문을 함께 보는 게 좋다. 또 특정 이슈나 쟁점에 관해 공부할 때는 여러 개의 신문을 비교하면서 보면 더 다양한 시각과 의견을 정리하는 데 효과적이다.

아나운서가 하는
신문 스크랩은 무엇이 다를까

　　　　　　　신문 스크랩이 생소하거나 얘기는 들어봤지만 해본 적 없는 사람도 많을 것이다. 이게 정말 효과가 있을까, 의문이 든다면 한번 해보길 권한다. 다음과 같은 순서로 실천해보자.

첫째,
핵심 내용 파악하기

‥‥‥‥　　　　　　신문을 읽을 때 처음엔 헤드라인과 주요 기사, 사진, 인포그래픽 등을 쭉 훑는다는 느낌으로 읽어 내려간다. 하나

"같이 공부할래?"

색연필과 형광펜으로 신문 기사에서 중요한 내용에 밑줄을 치며 읽으면 좋다. 색연필은 본인이 가장 좋아하고 잘 쓰는 색깔로 고른다. 나는 파란색 계열의 필기구를 좋아해서 하늘색이나 밝은 파란색을 사용한다. 특히 파란색은 집중력을 높여주기 때문에 신문을 읽을 때 도움이 된다. 형광펜 역시 파란색 계열을 주로 사용하고 있다. 그리고 정말 핵심적인 내용들이나 꼭 기억해야 하는 부분은 빨간색 색연필로 표시해두면 눈에 잘 띈다.

의 기사에 너무 오랜 시간 투자하기보다 일단 빠르게 읽어 내려가며 내용을 파악한다. 이때 색연필로 밑줄을 그으면서 읽으면 집중이 잘 된다. 읽으면서 이해가 잘 안 되거나 중요하다고 생각되는 부분은 표시해두고 넘어간다. 기사의 핵심 내용이 무엇인지 쟁점이 되는 부분은 뭔지, 찬성하고 반대하는 사람들의 의견은 어떤지 파악하는 과정이다. 일단 이 단계에서는 완벽하게 이해하고 습득하겠다는 욕심은 버린다.

둘째,
한 걸음 더 들어가기

.... 전체적인 내용을 파악했으면 이번엔 처음 읽으며 표시해둔 부분을 조금 더 집중해서 살펴본다. 처음 보는 생소한 용어의 의미나 이해가 잘되지 않는 내용을 찾아보며 깊이 공부한다. 이번엔 색연필보다 눈에 띄는 형광펜을 이용한다. 처음 읽을 때처럼 무조건 밑줄을 긋는 게 아니라 중요한 곳, 핵심적인 부분에

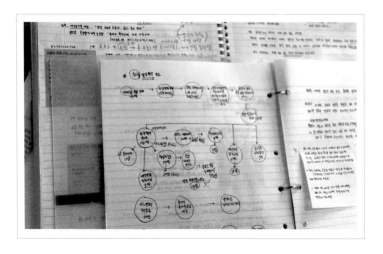

서울 이태원발 코로나19 집단 감염 당시, 수도권 감염 확산 경로를 정리한 내용. 이태원 클럽에서 시작한 감염이 다양한 경로로 확산되면서, 매일 여러 곳에서 집단 감염이 발발하던 때였다. 어디서 어디로 감염이 확산됐는지 감염자 수가 몇 명인지, 감염 경로와 확산 상황을 한눈에 알기 쉽게 정리했다. 이렇게 표나 그림으로 정리해놓으면 한눈에 보고 이해하기 쉽다.

만 밑줄을 긋는다.

그때그때 필요한 정보들을 스크랩하고 나만의 언어로 정리한다. 여러 신문을 비교해 읽으면서 다양한 생각, 의견, 주장 등을 파악하고 육하원칙에 따라 사건을 정리한다. 누가, 언제, 어떻게, 무엇을 했고 누구에게 어떤 영향을 끼쳤으며 대안은 무엇인지 등을 파악한다.

또한 기사에 나와 있는 인포그래픽을 적극적으로 활용한다. 어떤 사건에 대한 흐름과 내용을 한눈에 파악할 수 있도록 일목요연하게 정리해놓은 표나 그래프 등을 오려 붙이는 것이다. 시간이 허락한다면 직접 그리고 적는 방법이 습득하는 데 더 도움이 되겠지만 시간이 부족한 경우엔 잘 정리된 인포그래픽을 오려서 스크랩북에 붙여놓는다. 인포그래픽을 활용할 때마다 그걸 만든 분께 감사한 마음이 절로 든다. 어떻게 이렇게 이해가 쏙쏙 잘 되게 정리해놓았는지 늘 감탄한다. 하지만 인포그래픽에도 저작권이 있다고 하니 공부 외의 목적으로 사용할 때는 주의하자.

셋째,
기억할 내용은 포스트잇에 정리하기

포스트잇을 적극적으로 활용한다. 기사의 핵

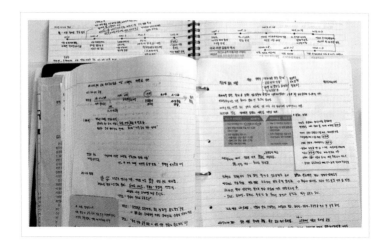

포스트잇에는 주로 기억해야 할 중요한 것들, 기사의 핵심이 되는 내용들 혹은 생소한 단어의 뜻을 정리해둔다. 적으면서 한 번 더 기억하는 효과가 있고, 나중에 신문 스크랩을 펼쳐봤을 때 가장 먼저 눈에 들어오기 때문에 편리하다. 신문 스크랩 할 때뿐 아니라 스포츠 중계를 준비할 때도 포스트잇을 가장 많이 사용하는데, 어떤 경기 혹은 선수에 대한 기본적인 정보나 중요한 내용들을 적어놓고 중계할 때 포스트잇에 적은 내용만 뜯어가서 쭉 책상에 붙여놓으면 제일 편리하고 간편한 중계 자료가 되어준다.

심 내용을 정리하고, 기억하고 싶은 용어와 정보는 포스트잇에 따로 적어둔다. 포스트잇에 정리하면서 다시 한 번 습득이 되고 기억하게 되고 비로소 새로운 정보가 내 것이 된다. 시각적으로 한눈에 들어오기 때문에 나중에 다시 찾아볼 때 빠르게 핵심을 파악하는 데 도움이 된다. 포스트잇으로 정리해놓은 내용은 말 그대로 진짜 내 것이 되는 거다. 어떤 주제에 대한 킨 성과 만내 입상을 포스트잇에 반으로 나눠 정리하기도 한다. 찬성하는 쪽의 핵심 주장과 반대 쪽의 핵심 내용을 정리해두면 양측 입장을 확실히 이해하는 데 도움이 된다. 실제로 뉴스를 준비할 때는 이 포스트잇에 적어놓은 내용만 봐도 될 만큼 편리하다.

넷째,
꾸준한 업데이트가 생명

....   나는 신문 스크랩을 매일 해야 한다고 생각한다. 하루라도 업데이트를 하지 않으면 사건에 대한 전체적인 흐름을 놓칠 수 있기 때문이다. 예를 들어 야구 중계의 경우에도 하루라도 경기를 보지 않으면 선수들의 기록의 흐름을 따라가기가 쉽지 않다. 어떤 주제와 사건에 대해서 계속 팔로(follow)하는 느낌으로 정리한다. 예를 들어 국내에서 코로나19가 처음 발생한 2020년 1월부터 지금까지 상황을 정리해놓으면 스크랩 노트만 봐도 그동안의 흐름을 한눈에 읽을 수 있다. CCTV 설치법에 관한 내용이라면 처음 법안이 발의됐던 계기가 무엇인지, 어떤 사건들이 있었는지, 쟁점은 무엇인지, 그동안 국회에서는 어떻게 논의가 이루어졌는지 파악할 수 있다. 매일 꾸준하게 업데이트해놓으면 뉴스의 흐름을 놓치지 않고 따라갈 수 있다는 장점이 있다.

자신이 관심 있거나 현재 일하고 있는 분야의 흐름이나 트렌드를 아는 것은 중요하다. 그것이 당장은 직접적으로 도움이 되지 않는 것처럼 보여도 길게 봤을 때 앞을 내다보는 통찰력을 키워주고 영감을 줄 수 있기 때문이다. 그래서 자기 분야의 뉴스를 매일 체크하고 정리하는 스크랩을 꼭 추천하고 싶다. 그리고 이것을 하루 루틴으로 만드는 것이 무엇보다 중요하다!

스크랩에 필요한
도구

가장 먼저 스크랩을 할 노트를 정한다. 스크랩 노트를 고르는 기준은 각자 다르겠지만 좋아하는 필기감의 종이를 고르는 게 좋다. 매일 써야 하는 노트기 때문에 조금이라도 종이 질감이 맘에 들지 않으면 스크랩은커녕 꺼내보기도 싫어지면 낭패다. 무조건 내가 좋아하는 질감의 노트를 선택하자. 그리고 신문 기사를 오려 붙일 만큼 넉넉한 크기가 좋다. 될 수 있으면 A4보다 더 크고 넓은 노트를 고른다. 개인적으로는 바인더를 추천한다. 바인더는 종이를 편리하게 빼고 끼워 넣을 수 있기 때문에 주제별로 정리해놓을 수 있다는 장점이 있다. 단점이 있다면 크고 무거워서 휴대하기가 조금 불편하다는 점! 어기지기 자주 가시고 나녀야 한다면 가볍고 얇은 노트를 선택하는 것도 좋은 방법이다.

　포스트잇의 경우 다양한 크기와 디자인의 제품이 많아서 자신이 마음에 드는 것으로 정하면 좋을 듯하다. 가위와 풀도 마찬가지다. 나는 주로 딱풀을 사용하는데 요즘은 테이프처럼 붙이는 풀도 있다. 스크랩하는 모습을 본 구독자들이 붙이는 풀을 추천해줘서 사용해보기도 했다. 손에 묻지 않고 편리하다는 장점이 있지만, 신문지가 워낙 얇아서 힘을 너무 세게 주면 종이가 찢어질 수 있으니 주의가 필요하다. 어쨌든 필기구는 본인의 기호에 맞게 선택하는 게 제일 좋다.

　스크랩은 꼭 종이 신문을 구독하지 않더라도 할 수 있다. 인터넷에 다양한 기사들이 있으니 본인이 관심 있는 분야와 주제의 기사들을 선택해서 정리하면 된다. 또 종이 신문을 인터넷으로 볼 수 있는 사이트에 가입하면 모든 신문의 기사를 볼 수 있으니 참고하자.

　시간이 정 없다면 신문의 헤드라인만 정리하는 것도 방법이다. 헤드라인을 정리하면 오늘 뉴스의 흐름을 파악할 수 있다. 또 각종 뉴스 온라인 사이트에 들어가면 시시각각 주요 뉴스들이 올라오는데, 그 기사들의 헤드라인을 정리하는 것만으로도 엄청난 도움이 된다.

　스크랩도 꼭 노트와 펜으로 하지 않아도 된다. 요즘은 태블릿 PC를 사용하는 방법도 좋다. 어플리케이션을 이용해서 인터넷 기사를 잘라 붙이고 필기도 할 수 있다. 아날로그와 디지털 중 취향에 맞는 것, 그래서 더 오래할 수 있는 방법을 택하자. 수많은 정보를 나만의 방법으로 일목요연하게 정리하고, 나에게 필요한 정보를 꾸준히 업데이트해보자.

공부하는 마음은
늙지 않는다

　　　　　　언젠가 뉴스에서 84세 할머니가 독학으로 검
정고시에 합격했다는 소식을 전한 적이 있다. 전국 최고령 합격의
주인공, 장옥순 할머니는 가정 형편 때문에 학교를 다니지 못했으나
학업에 대한 열망을 놓지 않았고 노인 복지관에서 공부를 시작했다.
집에서 복지관까지 30분이나 걸리는 거리였지만 비가 오나 눈이 오
나 하루도 수업을 거르지 않았다고 한다. 코로나19로 복지관이 문
을 닫았을 때도 할머니는 포기하지 않았고 독학으로 전국 최고령
합격자라는 영광을 얻게 되었다.
　　하루 평균 대여섯 시간씩 꼬박 5년을 공부했다는 할머니가 한

글자 한 글자 빼곡하게 써 내려간 연습장에서 배움에 대한 뜨거운 열정이 느껴졌다. 얼마나 열심히 공부를 했는지 푸는 문제마다 거의 100점을 맞을 정도였다고 한다. 할머니는 고등학교 졸업 검정고시 합격 통지를 받을 때까지 3년 동안 무려 일곱 번의 시험을 치렀다. 나이가 들면 알던 것도 잊어버린다고 하는데 여든을 넘긴 나이에도 끝까지 포기하지 않고 꿈을 향해 달려가는 할머니의 도전과 열정이 너무나 큰 울림을 주었다.

"나이가 이렇게 많은 나도 하니까 됐어요. 낙심하지 말고 노력하면 된다고. 그러니까 다른 분들도 열심히 공부했으면 좋겠어요."

할머니의 진심 어린 응원이 가슴에 박혀 잊히지 않는다.

할머니는 이제 대학 진학을 목표로 다시 도전을 시작했다. 살아 있는 동안에는, 정신이 말짱한 동안에는 끝까지 공부하고 싶다고 했다. 사회복지와 신학을 공부해 누군가에게 도움이 되고 싶다고 말하는 할머니의 얼굴빛이 반짝반짝 빛났다.

> "사람들은 흔히 나이를 먹으면 포기해야 하는 것이 생긴다고 말한다. 그러나 나는 사람들이 포기하기 때문에 나이를 먹는다고 생각한다."

미국의 정치가 시어도어 프랜시스 그린의 말이다. '배우고 싶어

네 번째 주문

도 나이가 많아서, 너무 늦어서'라는 말 따위는 할머니에게 아무 의미가 없었다. 그 무엇도 배움을 향한 할머니의 순수한 열정을 막지 못했다.

나의 가능성을
확장하는 공부

....   공부는 절대 배신하지 않는다. 내가 공부하고 노력한 만큼 정직하게 결과로 이어진다. 혹시 그렇지 않다고 해도 내가 공부에 투자한 모든 노력과 시간은 절대 사라지지 않는다. 내 안에 차곡차곡 쌓여서 언젠가 꺼내 쓸 수 있는 내공이 된다. 아무리 재능이 뛰어나도 꾸준한 연습이 없으면 결국 그 빛을 잃듯 끊임없이 공부하고 노력하면 언젠가 재능도 뛰어넘을 수 있을 거라고 믿는다.

'모든 걸 다 쏟아부어서 후회가 단 1도 남지 않도록 해보자!'

어떤 일을 할 때마다 내가 항상 마음에 품는 생각이다. 내가 할 수 있는 만큼 최선을 다하고 결과는 하늘에 맡긴다. 여기서 '할 수 있는 만큼'이란 적당히 나름대로 노력하는 수준이 아니다. 나의 한계를 넘어서 '이렇게까지 한다고?', '미쳤다'라는 말이 나올 만큼 치열하게 모든 것은 다 쏟아붓는 '열심히'다.

열심히 하는 사람은 결국 '잘'하게 된다. 그리고 결과가 어떻든 절대 후회하지 않는다. 지금까지 많은 프로그램을 진행했지만 노력을 다하지 못해서 후회가 남았던 방송은 단 하나도 없었다. '어떻게 이보다 더해'라는 생각이 들 만큼 열심히 했으니까.

어릴 때 자주 듣던 '공부는 끝이 없다'는 어른들의 말은 사실이었다. 학교 다닐 땐 좋은 대학에 가기 위해 공부를 하고, 대학에 합격하면 좋은 직장에 가기 위해 공부를 하고, 원하는 직장에 들어오니 이제는 주어진 일을 감당해내기 위해 매일 공부를 하고 있다. 어느덧 10년 차 아나운서가 된 지금까지도 매일 공부를 하고 있으니 정말 공부에는 끝이 없는 듯하다. 사실 나는 아무것도 아니다. 40년을 교사로 근무하다 얼마 전 정년 퇴임을 한 아버지도 새로운 도전을 위해 매일 책상에 앉아 공부하는 모습을 보면 인생 자체가 공부라는 생각이 든다.

어떤 분야에서 최고가 된 사람들은 모두 끊임없이 공부한 사람들이다. 또 성공한 이후에도 공부와 자기계발을 절대 소홀히 하지 않는다. 어제의 나를 넘어서기 위해 공부를 한다.

공부를 통해 나의 가능성을 확장해가자. 공부는 꿈을 이루기 위해 내가 할 수 있는 가장 쉬운 일이며 나의 부족함을 극복할 수 있는 가장 정직하고 빠른 방법이다.

오늘 죽을 것처럼 살고

평생을 살 것처럼 공부하라.

– 마하트마 간디

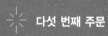 다섯 번째 주문

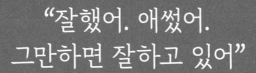

"잘했어. 애썼어.
그만하면 잘하고 있어"

스트레스를 다스리는 마음의 힘

잰느미온느의
타임터너

퇴근 이후 휴식과
잠들기 전까지

'그때 왜 멘트를 그렇게 했을까.'

'그건 필요 없는 말이었는데 왜 군이 덧붙였을까?'

'눈은 왜 이렇게 많이 깜빡였지.'

'좀 더 자신 있게 해볼걸….'

클로징 멘트를 하고 스튜디오에서 나오는 순간부터 '그때 이렇게 했으면 좋았을걸' 혹은 '왜 그렇게밖에 못 했을까?' 같은 아무리 해봐도 소용없는 갖가지 수많은 후회를 하곤 했다. 냉정한 '자기 평가'라기보다는 밑도 끝도 없이 아무 도움도 안 되는 절망과 후회에 가까웠다. 아무리 생각해도 뭐 하나 제대로 한 게 없는 것 같아서, 마음에 드는 게 하나도 없어서, 세상의 모든 근심 걱정을 다 짊어진 듯이 무거운 마음으로 집으로 돌아가곤 했다. 집에 가는 길에 누구라도 마주칠까 부끄러운 마음에 고개를 푹 숙이고 바닥만 보고 곧장 차로 향했다.

대체 언제쯤이면 "오늘 방송 좋았어요!"라고 자신 있게 외치며 당당하게 퇴근할 수 있을까. 후회와 자책에 사로잡혀 스스로가 한없이 작게 느껴졌다. 그러다 보니 자신감도 떨어지고 어느 순간부터 일을 즐기지 못하고 모든 게 부담으로 느껴졌다.

스트레스를 받기 시작하니 당연히 몸도 아팠다. 결국 뉴스를 시작하고 얼마 뒤부터 역류성 식도염이 생겼다. 속이 울렁거리고 시도 때도 없이 구역질이 났다. 주로 생방송 중에 증상이 나타났는데 "자 들어갑니다. 10초 전⋯."이라는 피디의 말이 들리면 그때부터 입안에 침이 고이기 시작하고 당장이라도 구토가 나올 것 같았다. 침을 삼키느라 멘트를 놓칠 뻔한 아찔한 상황도 가끔 있었다.

내과에 갔더니 먹는 걸 줄이라기에 저녁도 굶어보고, 그래도 안 돼서 한의원에서 약도 지어 먹어보고, 야식과 좋아하는 커피도 끊어봤지만 소용이 없었다. 여전히 생방송 중에 정말 사고 나겠다 싶은 순간이 자주 있었다.

작은 실수 하나로 그동안 내가 노력한 모든 것이 부정당할 것 같아서 두려웠다. 매일 살얼음판을 걷는 기분이었다. 한껏 움츠러들고 위축된 내 모습이 화면에서도 느껴질 정도였다. 실수한 일들, 제대로 처리하지 못한 일들을 계속 생각하며 우울감에 빠지는 날들이 이어졌다.

'남들은 방송을 하면서 엄청난 카타르시스를 느낀다고 하는데 왜 나는 그런 걸 한 번도 느껴 본 적이 없는 걸까.'

'10년 정도 됐으면 그런 경험은 한 번쯤 있어야 정상 아닌가.'

이런 생각으로 밤을 보냈다. 그리고 그걸 미처 다 털어낼 시간도 없이 다시 하루가 시작됐다. 또 똑같이 뉴스를 하고 또 똑같은 후회를 하고…. 그렇게 끝나지 않는 좌절의 연속이었다.

어느 날, 뉴스를 마치고 풀이 죽어 있는 나를 보고 한 선배가 말했다.

"재은 씨는 너무 완벽주의자야. 그래서 힘든 거야."

완벽주의자? 내가 완벽해본 적이 없어서 한 번도 그렇게 생각해본 적이 없었다. 선배는《어린 완벽주의자들》이라는 책을 추천해줬다. 그 책을 읽고 나니, 나는 완벽주의자가 확실했다. 완벽주의자는 끊임없이 자신을 채찍질하고 비교하고 좌절한다. 그러다 부족한 자신의 모습에 화를 내고 분노하는 상황까지 가게 된다. 모든 것을 완벽하게 해내야 한다는 욕심과 집착은 항상 상황을 악화시킨다. 주어진 일을 완벽하게 해내지 못하면 고통스러워서 밤에 잠도 잘 못 잔다. 보고서 한 장을 써도 완벽하다고 느끼지 못하면 아예 제출하지 않는 부류다.

방송인으로서 완벽주의자는 정말 최악이다. 방송은 많은 사람이 참여하는 만큼 다양한 변수가 있고 계획대로 되지 않을 때가 많다. 그런데 상황이 조금만 틀어져도 신경이 곤두서고 예민해진다면 어떻게 일을 하겠는가. 그게 외부 요인 때문이라면 그나마 다행이다. 하지만 나의 실수나 잘못으로 벌어진 상황이라면 엄청난 절망에 휩싸인다. '이거 하나 제대로 못하다니' 하고 생각하는 것이다.

내가 아픈 것 역시 완벽주의적인 성향으로 인한 스트레스 증상이라는 사실을 이미 알고 있었기 때문에 치료법은 의외로 간단했다. 나의 부족함을 인정하고 잘해보려는 욕심을 내려놓는 것이다. 처음엔 알면서도 잘 안 됐지만 계속 마음을 고쳐먹다 보니 조금씩 그런 증상들이 사라졌다. 마음을 편하게 먹고 '될 대로 되라!'고 마음먹으니 구역질도 침이 고이는 증상도 없어졌다.

그제야 깨달았다. 그동안 나는 잘하려고 욕심부리다가 몸도 망가지고 오히려 더 좋지 않은 상황으로 나를 몰아넣고 있었던 거다. 얼마든지 실수할 수 있다는 사실을 인정하고 나 스스로 조금 더 용납하고 이해해주자고 다짐하지만 늘 어렵다.

타인의 말이 나를 평가하는
기준이 되지 않도록

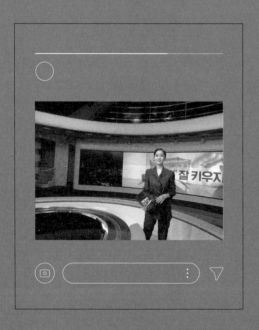

　　　　　　　　　"아침 라디오를 하기엔 목소리가 너무 밝아요."

　　"전통적인 뉴스 진행과는 달라서 어색하네요."

　　나를 평가하고 규정짓는 말들. 아나운서가 된 지 10년 차이자 〈뉴스데스크〉를 맡은 지 햇수로 4년 차인 지금까지도 자신이 만든 기준과 잣대로 나를 바라보고 평가하는 사람이 여전히 많다. 누군가에게 평가받는 게 일상인 직업이다 보니 어쩔 수 없는 일인 걸 알면서도 쉽게 익숙해지지 않는다.

　　한창 스포츠 방송을 많이 하던 때는 경험도 없고 어리기도 했던 터라 사람들의 의미 없는 댓글에도 크게 상처를 받았다. 오늘은 옷이 어떻고 헤어스타일이 어떻고, 살이 쪄 보인다느니 걷는 게 이상하다느니, 머리부터 발끝까지 나를 평가하는 사람들의 시선과 말에 발가벗겨진 듯한 느낌을 받았다. 그러다 보니 나도 모르게 위축되고 움츠러들었다. 자존감도 바닥을 쳐 아무리 열심히 해도 안 될 거라는 부정적인 생각에 휩싸이곤 했다. 그런 말을 들은 날엔 화면 속 나는 마치 길 잃은 강아지처럼 잔뜩 겁먹은 모습이었고 목소리도 눈빛도 빛을 잃은 듯 힘이 없었다. 나의 모든 것을 부정당하는 기분에 내가 너무나 사랑하는 이 일을 그만해야 하나, 계속할 수 있을까, 하는 생각이 들기도 했다.

'아나운서답다는 건 어떤 거지?'

'뉴스에 어울리는 외모는 대체 뭘까?'

답이 나오지 않는 질문으로 고민해보기도 하고, 신경 쓰지 말자고 담대하게 마음먹어보기도 했다. 모르는 사람의 댓글은 그래도 넘길 수 있었다. 더 힘든 건 함께 일하는 사람들의 말이었다.

한 주의 스포츠 소식을 전하는 〈스포츠 매거진〉이라는 프로그램을 진행할 때였다. 당시 스포츠국에서는 방송이 끝나면 선배 피디들이 모니터링 보고서를 게시판에 올려 공유했다. 내 방송이 어땠는지 궁금하기도 하고 어떤 부분을 더 노력해야 할지 알고 싶어서 가끔 들어가서 내용을 확인하곤 했다. 응원과 칭찬만을 기대한 건 아니었다. 관심을 가지고 나의 발전을 위해 지적해주는 내용은 정말 감사했고 큰 도움이 되었다.

그런데 아주 가끔 비판을 위한 비판을 하는 경우도 있었다. 예를 들면 '이재은 아나운서는 진행은 대체로 안정적이나 뭔가 2퍼센트가 부족하다', '스포츠 방송에 안 어울리는 것 같다' 하는 식으로 정확한 이유 없는 두루뭉술한 비판이다. 그 2퍼센트가 무엇인지, 어떤 점에서 안 어울린다는 건지 혼자서 별의별 생각을 다했다. 어떤 부분이 부족하니 바꾸거나 노력하라고 하면 기꺼이 받아들이겠지만 이렇게 애매한 비판을 들으면 어찌할 바를 모르니 스스로가 무기력하게 느껴졌다. 그러면서 나는 슬럼프라는 깊고 깊은 터널 속으로 빠져들었다.

'어차피 이렇게 해봤자 나는 2퍼센트가 부족한 사람이니까.'

방송을 할 때마다 그 말이 머릿속을 맴돌았다.

내가 뜻한 대로 살고 있다면
충분하다

········· 　　　　　한동안 깊은 구덩이 속에서 허우적거리던 내가 방황을 끝낼 수 있었던 건 그 말을 인정하면서부터다. 사실 내가 부족한 사람이라는 걸 나도 안다. 2퍼센트, 20퍼센트, 아니 200퍼센트 부족한 사람이라는 사실을 알고 있다. 그렇지만 그 말 한마디가

나의 모든 노력마저 부정하는 것 같아 상처를 받았던 것이다.

'2퍼센트가 부족하면 어때? 나는 누구보다 열심히 했고 그걸로 충분해.'

나의 부족함을 인정하고 받아들이기로 했다. 그리고 그 부족함을 채우기 위해 하루하루 주어진 일에 충실하기로 했다. 그러다 보니 어느새 나는 누가 뭐래도 흔들리지 않는 단단한 사람이 되어가고 있었다. 겨자씨같이 작고 보잘것없던 나였지만 어느새 푸릇푸릇한 작은 새싹이 돋아나기 시작했다. 그때부터 비로소 나에게 주어진 일을 즐길 수 있게 됐다.

다른 분야에서 일하는 직장인도 마찬가지일 것이다. 누구든 평가로부터 자유로울 수 없다. 게다가 회사 생활을 하다 보면 자신의 기준대로 다른 사람을 판단하는 사람을 종종 만난다. 그러다 보면 어느 순간 나를 향한 세상의 평가에 스스로를 가두게 된다.

하지만 다른 사람의 평가가 내 기준이 되어서는 안 된다. 남의 말에 휘둘리지 않으려면 자신을 평가하는 기준을 스스로 세워놓는 것이 좋다. 앞서 소개한 목표와 계획이 좋은 수단이다. 내가 목표하고 계획한 대로 하루하루를 충실히 살아가고 있다면 나는 충분히 잘하고 있는 것이다. 그러니 나의 겉모습만을 평가하는 이들의 말에 흔들릴 필요가 없다. 자신을 있는 그대로 받아들이고, '이런 나이기에' 할 수 있는 일들을 계획하자. 여기서부터 나다움은 시작된다.

어떤 사람들은 현재의 것을

있는 그대로 보고 '왜?'라고 묻지만,

나는 과거에 없었던 것을 꿈꾸며

'왜 안돼?'라고 묻는다.

조지 버나드 쇼

나다움을
무기로 만드는 법

　　나처럼 카메라 앞에 서는 사람은 외모에 대한 지적을 매일같이 받는다.

　"뉴스에 어울리는 외모가 아니에요."

　"이재은 씨는 뭔가 아나운서답지 않아요."

　처음 아나운서가 됐을 때 듣던 말이다. 그리고 그건 내 가장 큰 콤플렉스가 되었다. 그래서 다른 사람을 따라 해보기도 하고 별짓을 다 해봤지만 아무리 해도 나는 결국 나였다.

　배우들은 가자의 스타일대로 연기를 한다. 같은 역할, 같은 대사를 해도 전부 다르다. 자신의 느낌과 해석대로 캐릭터를 만들어내다. 다른 사람인데 어떻게 다 똑같을 수 있을까. 나는 정형화되지 않은, 누군가와 비슷하지 않은 차별화된 내 모습이 자랑스럽다. 한마디를 해도 내 스타일대로 하고 싶다. 세상의 기준과는 달라도 아직은 조금 부족해도 나의 강점을 믿고 나답게 해나가는 거다. 남들이 대체하지 못하는 내가 되면 된다.

단점을 무기로
만든 사람들

.... 2021년 영화 〈미나리〉로 대한민국 최초로 아카데미 여우조연상을 수상한 윤여정 배우의 이야기는 나를 비롯한 많은 이에게 큰 위로와 용기를 주었다. 데뷔 초 그의 거칠고 허스키한 목소리 때문에 거부감을 느끼는 시청자가 많았다고 한다. 역할도 지극히 제한적이었다. "쟤는 안 돼. 성공하지 못할 거야. 쟤가 배우로 성공하면 내 손에 장을 지진다!"라고 말하는 사람까지 있었다고 하니 오죽했을까. 이혼 후 복귀를 했을 땐 이혼했다는 사실만으로 수많은 불이익을 당하기도 했다. 하지만 그는 세상의 판단과 편견을 극복하기 위해 노력했고 역할이 크든 작든 자신만의 스타일로 존재감을 드러냈다. 그 어떤 말에도 그 누구에게도 절대 굴하지 않고 포기하지 않고 열심히 달려왔다.

다섯 번째 주문

그는 아카데미상 수상 이후 기자회견장에서 세상의 평가와 그로 인한 '열등의식'에서 연기 철학이 시작됐다고 밝혔다. 이로 인해 대한민국 그 어떤 배우도 해내지 못한 위대한 일을 해낼 수 있었던 것이다. 아카데미상 수상보다 더 대단한 건 50년이 넘는 세월 동안 멈추지 않고 그 자리를 지켜왔다는 사실이다.

스포츠 선수들은 말할 것도 없다. 내가 스포츠를 좋아하는 이유 중 하나는 노력으로 자신의 한계를 극복해낸 선수들의 모습 때문이다. 불리한 신체 조건이나 핸디캡을 이겨내고 보란 듯이 정상에 오르는 선수들의 모습은 그 어떤 드라마보다 더 극적이다.

"농구는 신장이 아닌 심장으로 하는 것이다."

농구를 좋아하는 사람이라면 누구나 들어봤을 명언의 주인공, 앨런 아이버슨의 키는 183센티미터로 'NBA 역사상 최단신'이라는 수식어가 붙을 만큼 코트 위에서 가장 작은 선수에 속했다. 하지만 그는 자신의 말대로 신장이 아닌 심장으로 하는 농구가 뭔지 제대로 보여줬다. 신체 조건에 굴하지 않고 끊임없이 노력한 결과 폭발적인 득점력과 화려한 플레이로 최고의 선수로 인정받았다. 2016년에는 샤킬 오닐, 야오밍 등과 함께 명예의 전당에 이름을 올리기도 했다.

한국 펜싱의 간판이었던 '땅콩 검객' 남현희 선수는 키가 큰 사람이 유리한 종목인 펜싱 선수들 중에서도 정말 작은 편에 속했다. 키 155센티미터, 발 사이즈도 213밀리미터에 불과했다. 하지만 남현희 선수는 자신의 불리한 신체 조건을 스피드로 극복해냈다. 상대의 찌르기를 기다려 중심 아래를 파고드는 방법으로 경기를 펼쳤다. 키가 작아서 남들보다 동작을 더 길고 깊게 하다 보니 왼쪽 엉덩이뼈가 오른쪽보다 세 배 가까이 커졌다고 한다. 무릎 연골도 다 닳아 없어졌다. 그는 20년 가까이 선수 생활을 하면서 수많은 메달을 목에 걸었고, 출산 이후엔 '엄마 검객'으로 복귀해 2014년 인천 아시안게임, 2016년 리우 올림픽, 2018년 자카르타 아시안게임까지 출전했다.

클라이밍 여제 김자인 선수 역시 153센티미터라는 작은 신장으로 인한 단점을 고된 훈련으로 극복해냈다. 키가 큰 선수들이 한 번에 잡을 수 있는 위치의 홀드(손잡이 혹은 발을 딛는 곳)를 여러 번 움직여 잡아야 해서 근력 운동과 유연성을 키우며 약점을 장점으로 바꾸었다. 그리고 그 작은 몸으로 세계 정상에 올랐다.

이와 비슷한 사례들을 이야기하자면 끝이 없다. 자신의 약점을 강점으로 극복해낸 사람, 오늘도 자기 자리에서 최선을 다하면서 버티고 있는 사람은 수없이 많다.

다섯 번째 주문

내면을
충실히 갖추자

········   성경에 나오는 인물들 중에서도 위대한 일에 크게 쓰였던 사람들은 대부분 흠이 있고 나약하고 부족하고 완벽하지 않은 사람들이었다. 이스라엘에서 가장 위대한 왕으로 평가받는 다윗은 양을 치는 목동이었고 형제 중에 가장 눈에 띄지 않는 보잘 것없는 사람이었지만 왕으로 택함을 받았다. 이스라엘 백성들을 애굽에서 구출해낸 모세는 갈대 상자에 담겨 나일강에 버려진 노예의 자식이었고 무려 80세에 부름을 받았다. 형제에게 미움을 받아 애굽으로 팔려간 요셉은 종이 되어서도 누명을 쓰고 감옥 생활까지 했지만 결국 수십 년 동안 애굽 전역을 다스리는 총리가 되었다. 이처럼 성경 속에서 위대하게 사용된 사람들은 대부분 작고 약하고 미천한 자들이었다.

> 그러나 하나님께서 세상의 미련한 것들을 택하사 지혜 있는 자들을 부끄럽게 하려 하시고 세상의 약한 것들을 택하사 강한 것들을 부끄럽게 하려 하시며. (고린도전서 1:27)

부족한 내 모습에 좌절할 때마다 펼쳐보는 말씀이다. 내가 금 그릇이든 은 그릇이든 나무 그릇이든 질그릇이든 아무 상관없다. 그릇의 종류가 중요한 게 아니라 그 그릇에 무엇을 담는가가 중요하다. 아무리 좋은 그릇이라도 그릇의 역할을 할 수 없다면 소용이 없다. 눈에 보이는 겉모습은 질그릇일지라도 그 안에 보배를 담으면 된다. 그러니 주눅 들거나 위축되지 말고 속을 꽉 채우자. 시간이 걸릴지 몰라도 반드시 외견으로도 그 충실함이 보이게 마련이다.

'열심히 하는 것'과 '애쓰는 것'은 다르다. 나에게 맞지 않는 옷을 입고 맞지 않는 구두를 신고는 절대 멀리 갈 수 없다. 그 시간에 조금이라도 공부를 더 하고 실력을 갈고닦는 게 어떨까. 많은 사람을 사로잡을, 많은 사람에게 주목받을 만한 특별한 한 방은 하루아침에 만들어지지 않는다. 애쓰다가 애처로워지지 않게 욕심부리지 말고 내 모습 그대로 매일매일 솔직하게 정직하게 나아가다 보면 언젠가 남과 다른 나의 모습이 누구도 대체할 수 없는 경쟁력이 될 것이다.

JANN'S NOTE

나는 폭풍이 두렵지 않다.

나의 배로 항해하는 법을 배우고 있으니까.

— 헬렌 켈러

비교하지 말고
나만의 속도를 찾자

가끔 아나운서를 지망하는 학생들이 메일을 보내온다. 아나운서가 너무 되고 싶지만 아무래도 늦은 것 같다고, 잘할 수 있을지 모르겠다고, 자신이 없다고…. 당연한 고민이다. 아나운서뿐 아니라 입사 시험을 준비하는 사람들 모두 마찬가지일 거다. 정답이 없는 시험이라서 더 힘들고 막막하다. 아나운서국 동료들을 봐도 그렇다. 각자의 개성과 매력이 다 다르고 생각이나 살아가는 방식도 다 다르다. 어떤 기준으로 아나운서로 뽑았는지 아무리 봐도 알 수가 없다.

그러니 취준생들은 오죽하랴. 어떻게 준비를 해야 할지 막막하고 그래서 포기하고 싶은 순간도 수없이 많을 거다. 나도 마찬가지였다. 한번 시험장에 다녀오면 자존감이 바닥을 쳤다. 실력도 외모도 모든 게 완벽해 보이는 사람들 사이에서 나는 너무 작고 부족했다. 꿈을 이루고 염원하던 일을 하게 되면 이 모든 고민이 끝날까? 아니다. 오히려 더 심해질지도 모른다.

"다른 친구들은 앞서가는데 나만 뒤처지는 건지 걱정이에요."

이제 막 사회생활을 시작한 후배들이 종종 고민하며 하는 말이다. 나름대로 열심히 하고는 있는데 아무도 몰라주는 것 같아서, 나만 계속 제자리인 것 같아서 힘이 빠질 때가 있다는 거다. 당연한 고민이고 나 역시 같은 고민을 한 적이 있었다.

의미 없는 비교보다
나 자신에 집중하다

‥‥‥‥‥   방송을 하다 보면 내가 원하든 원치 않든 누군가와 비교를 당하는 일이 종종 있다. 비슷한 프로그램의 진행자, 입사 동기 심지어 다른 방송국 아나운서와도 비교를 당한다. "넌 왜 걔처럼 못하니.", "네 동기를 봐.", "네가 지금 그러고 있을 때가 아니야.", "너도 뭐라도 해봐.", "한 방이 있어야지." 등의 조언을 하는 사람이 있었다. 물론 내가 더 잘하길 바라는 마음에서 하는 말이었을

거라고 이해한다.

하지만 그런 말들은 나에게 전혀 도움이 되지 않았고, 사실 주의 깊게 듣지도 않았다. 나는 나의 동기도 다른 방송국 아나운서도 비교나 질투의 대상이 아닌 같은 길을 가는 동반자라고 생각했다. 각자의 방식으로 각자의 역할을 다하는 모습이 늘 멋지고 존경스러웠다. 입사할 때부터 모든 게 완벽했던 나의 동기는 언제나 든든하고 자랑스러운 존재였고, 그녀를 보면서 많이 배우고 도전도 받았다. 스포츠 방송을 한창 할 때는 스포츠 채널 아나운서들의 방송을 보면서 공부했다. 매일 경기가 끝나고 하이라이트 방송을 깔끔하게 진행하는 모습, 늘 에너지를 잃지 않는 모습에 감탄했다. 함께 방송할 기회가 오면 그들에게 이것저것 물어보기도 하고 조언도 구했다. 비교의 대상이나 내가 경쟁해야 할 상대가 아니라 같은 길을 걸어가며 늘 배우고 싶은 존재였다.

오히려 내가 싸워야 할 상대는 다른 누군가가 아니라 바로 나 자신이었다. 멋있어 보이려고 하는 말이 아니라 경험으로 얻은 진리다. 내 안의 게으름과 싸워 이기고 안주하고 싶은 마음을 이겨내야 한다. 부족한 내 모습에 마음이 약해지지 않고 비교하는 시선에 흔들리지 않도록 정신도 바짝 차려야 한다. 무엇보다 남과 비교할 시간에 나 자신에 집중해서 끊임없이 노력하는 게 훨씬 생산적이고 효율적이다.

거북이는 토끼와
경쟁했을까?

⋯⋯⋯ 내가 잘 가고 있는지, 막연한 두려움이 들 때 종종 꺼내 보는 책이 있다. 류인현의 《거북이는 느려도 행복하다》라는 책이다. 작가는 토끼와 경주를 펼쳤던 거북이에 대해 이렇게 말한다. 거북이는 토끼를 이기려고 달렸던 게 아니다. 그저 자기 능력대로 최선을 다해 달렸을 뿐이다. 거북이의 시선은 토끼에게 있지 않았다. 오직 결승점에 시선을 고정하고 달렸다. 다른 사람과 나를 비교하느라 머뭇거릴 시간이 없었다. 아마 평소 거북이는 토끼를 이기려고 하기보다 애초에 토끼가 자신보다 빠르다는 것을 인정하고 토끼를 보며 배울 점을 찾고 할 수 있으면 내 것으로 만들고 그렇게 끊임없이 자신을 연단했을 것이다. 토끼보다 빠르진 않지만 나만의 경쟁력이 무엇인지 공부하고 훈련했을 거다.

거북이처럼 다른 사람과 비교하지 말고 나 자신을 인정하고 내 방식대로 해야 한다. 어차피 다른 사람처럼 하고 싶어도 못 할 뿐 아니라 어쭙잖게 따라 하려다 오히려 역효과가 난다. 거북이처럼 나의 길을 가면 된다. 천천히 조금씩 더 열심히 걸어나가면 된다. 토끼를 보지 말고 결승선을 보고 달리자. 누군가와 비교하지 말고 비교하는 말에 기분 나빠하지도 말고 흔들리지 말자. 많은 사람이 주목하지 않아도 늘 내 자리에서 최선을 다하자. 누군가가 알아주지 않아도 멈추지 말고 열심히 달려나가자.

　결국 해내는 사람은 다른 사람보다 조금 느린 것 같다고 조바심 내지 않는다. 아무도 보지 않는 것 같다고 움츠러들지도 않는다. 대신 멈추지 않고 나만의 속도로 계속 걸어나간다. 쉽게 오르면 쉽게 무너진다. 쉽게 얻는 건 쉽게 잃는다. 천천히 시간을 들이고 최선을 다해서 차근차근 올라가자. 그렇게 자신만의 속도로 자신만의 길을 걸어나가자. 끝이 보이지 않아 막막해도 더 나아갈 길이 있음에 감사하면서 계속해서 당신의 길을 걸어가다 보면 어느새 그 과정을 즐기고 있는 스스로를 발견하게 될 것이다.

비판에 흔들리지도
칭찬에 춤추지도 말라

우연히 세계적인 토크쇼 진행자인 오프라 윈프리의 인터뷰 기사를 보다가 깜짝 놀란 적이 있다. 오프라 윈프리와 인터뷰했던 수많은 사람이 방송이 끝나면 하나같이 같은 말을 한단다.

"어땠어요?"(how was it?)

나도 그랬다. 〈뉴스데스크〉를 맡은 초창기에는 저녁 뉴스를 마치고 집으로 돌아가는 길에 가족에게 전화를 걸어 물었다.

"오늘 방송 어땠어?"

오늘 뉴스 진행은 어땠는지, 멘트가 이상하진 않았는지, 의상이

나 헤어, 메이크업은 괜찮았는지 확인하는 게 퇴근길 나의 일상이었다. 잘했다고, 괜찮았다고, 문제없었다고 누구에게라도 확인받고 싶은 마음이었다. 스스로 만족스럽지 못했던 하루하루였기에 그런 말이라도 들으면 그나마 위로가 될 것 같았다.

그런데 잘나가는 정치인도 유명한 연예인도 세계적인 기업인도 모두 마찬가지였다니! 그런 내로라하는 사람들도 나랑 똑같다니. 이미 큰 성공을 이뤄낸 사람도 누군가에게 확인받고 싶은 마음은 같다는 것을 깨달았다.

퇴근길마다 이런 행동을 해봤던 사람으로서 말하자면 매우 건강하지 못한 행동이다. 누군가에게 확인받고 싶은 마음은 자기 확신이 부족할 때 나타난다. 또 누군가에게 인정받고 칭찬받으려는 욕심에서 나오는 행동이다. 사실 직장 생활을 하면서 칭찬을 받는 일은 하늘의 별 따기처럼 어렵고 드문 일이다. 물론 상사나 동료의 스타일에 따라 다르겠지만 누군가 나를 칭찬해주고 잘했다고 격려해주고 인정해주리라는 기대는 애초에 버리는 게 좋다. 각자 자기 일을 하고 자기 삶을 살기에 바빠서 나한테 딱히 관심이 없는 것도 있지만, 사회에서는 나의 역할을 잘해내는 것이 당연한 일이기 때문이다. 잘하면 본전인 거다.

그러다 보니 가끔 누군가에게 칭찬을 들으면 '저 사람이 대체 무슨 의도로 저런 칭찬을 하는 거지'라고 생각하는 지경에 이르렀다.

다섯 번째 주문

그만큼 칭찬받는 일이 드물기 때문이다. 고로 굳이 칭찬을 기대하거나 받으려고 하지도 말아야 한다. 애초에 칭찬을 받기 위한 목적으로 어떤 일을 하는 거라면 차라리 일찌감치 그만두는 편이 낫다. 칭찬받으려고 하는 행동들은 너무 뻔해서 누가 봐도 진정성이 느껴지지 않는다. 칭찬과 인정을 받기 위해 사는 인생은 생각만 해도 너무 피곤하다. 그냥 주어진 일에 최선을 다하고 나 자신에게 당당하게 사는 게 최고다(그래도 나는 칭찬 많이 해주는 상사가 되어야지).

집착과 욕심
내려놓기

꼭 누군가의 칭찬과 인정을 바라는 게 아니더라도 열심히 일을 하다 보면 집착과 욕심이 생긴다. 하지만 나의 부족함을 인정하고, "이만하면 잘했지, 그래 그 정도면 충분했어!"라고 웃어넘길 수 있는 담대한 마음이 필요하다. 나 스스로 만들어낸 불안과 강박에서 벗어나 자유로워져야 한다. 사람들의 반응에 흔들리지 않도록 더 단단해지자. 완벽하지 않더라도 충분히 잘했다는 것을, 누군가에게 칭찬을 듣지 못했더라도 충분히 잘하고 있다는 것을 스스로 말해주자.

'그만하면 잘했어.'

'실수해도 괜찮아.'

'충분히 잘하고 있어.'

'넌 더 밝게 빛날 거야.'

'너의 노력은 반드시 돌아올 거야.'

집착과 욕심을 내려놓고 있는 그대로 나를 인정하고 받아들이려고 노력하자 확실히 달라졌다. 자신감도 생기고 실수를 해도 훨씬 의연해졌다. 예전보다 금방 털어버릴 수 있게 됐다. 결과가 어떻든 누가 뭐라든 하루하루 최선을 다하고 있는데, 내가 할 수 있는 노력을 다했는데, 그것만으로 충분한데 왜 나조차 나를 인정하지 못하고 상처를 주고 있는 걸까. 자꾸 세상의 기준에 나를 맞추려고 하다 보니 스스로가 부끄러웠고 수치심과 열등감에 나의 모습을 제대로 바라보지 못했다. 모든 노력의 과정마저도 외면하고 부정했던 거다.

오늘 하루도 열심히 달려온 나를 더 사랑해주기, 누군가에게 확인받으려 하기보다 나 먼저 나를 인정해주기, 이것이 나의 새로운 퇴근길 루틴이 되었다. 오늘 내 모습이 내 마음 같지 않았다고 해서 너무 실망하지 말자. 누구나 실수는 한다. 완벽하지 않아도 괜찮다. 움츠러들지도 말자. 부족함을 인정하고 받아들이고 더 성장하기 위해 노력하면 된다. 나의 잠재력을 믿어주자. 우리는 모두 사랑받기 위해 태어난 사람이라는 사실을 기억하자. 이미 존재만으로도 충분히 멋지고 아름답고 사랑스럽다. 그 무엇보다 귀하고 소중하다. 흔들렸던 오늘이 있기에 내일은 더 굳건해질 것이고, 더 밝게 빛날 수 있을 것이다.

슬럼프는
열심히 살고 있다는 증거다

"입사 시험을 준비하는 데 슬럼프를 겪고 있어요. 제 인생에서 이렇게나 온 힘을 다해 액셀을 밟아본 적이 처음인데 자신에 대한 믿음이 부족해서 꿈을 준비하는 과정부터 자꾸 넘어지는 것 같아요."

"저는 아나운서 지망생인데요. 계속 이 길을 준비해왔지만 요즘 특히 제 욕심만큼 실력이 늘지 않아 마음이 많이 힘들어요."

유튜브 댓글이나 SNS를 통해 이런 고민을 토로하는 취준생들이 종종 있다. 열심히 살고 있지만 이렇다 할 성장이나 성과가 보이지 않아 괴로워하는 것이다. 취준생뿐만이 아니다. 직장인을 비롯해 어떤 일을 하는 사람이든 슬럼프에 빠질 때가 있다.

"원하는 대학, 원하는 직장에 들어가면 고민이 없을 것 같았지만 그때마다 또 새로운 고민과 걱정들이 생기더라고요. 실수를 하면 머리와 마음에 오래 남고 마음이 무거워서 한동안 우울해져요."

매일 바쁘게 사는 나는 슬럼프가 없을 것 같다는 이야기도 많이 듣는다. 천만의 말씀! 나도 매일같이, 아니 하루에도 몇 번씩 슬럼프를 겪는다. 뉴스를 진행한 지 벌써 4년이 되어가지만 아직도 스튜디오에 들어갈 때 두렵고 긴장된다. 카메라에 불빛이 들어오면 가슴이 두근거린다. 기분 좋은 떨림을 넘어선 불안감이다. 뉴스를 진행할 때도 나 자신이 한없이 작아지는 순간이 너무 많다. 어떤 상황에 대한 배경지식이 부족할 때, 아무리 공부해도 이해가 잘 안 될 때, 앵커멘트가 잘 안 써질 때, 짧은 멘트인데도 정확하게 소화하지 못했을 때…. 내 실력이 아직 부족하니 당연한 과정이라고 생각하면서도 가끔은 절망스럽기까지 하다.

대단한 성장을 바라지는 않더라도 어제보다 조금이라도 더 발전하고 싶은데 아무리 연습을 해도 마음대로 되지 않아서 슬픔과 우울함에 빠진다. 앞으로 나아가지 못하고 같은 자리를 계속 돌고 도는 느낌이다. 언제쯤 잘해낼 수 있을까 자책하기도 한다. 작은 실수라도 하는 날엔 더 깊은 절망의 구덩이 속으로 나 스스로를 밀어 넣는다.

사실 뉴스뿐 아니라 어떤 방송을 하든 늘 마찬가지였다. 라디오를 할 때는 매일 같이 생방송을 하면서도 늘 긴장하는 나 자신이 실망스러웠고, 스포츠 중계를 할 때는 좀 더 순발력 있게 상황을 이끌지 못하는 것이 늘 아쉬웠다. 쌓여 있는 기록들을 내가 다 기억할 수 없다는 좌절감, 아무리 해도 어차피 안 될 거라는 무력감이 든다. 의욕이 떨어지면 자연스럽게 일의 능률도 떨어진다. 그동안 쌓아왔던 나의 모든 노력이 한순간에 무너지는 것 같고 그냥 다 포기해버리면 편해질 것 같다.

슬럼프는
언제든 누구에게나 온다

········   배우 김혜수 씨의 인터뷰 기사에서 슬럼프에 대한 진솔한 이야기가 기억에 남는다. 김혜수 씨는 한 영화의 크랭크인을 앞두고 촬영하기 3주 전부터 죽고 싶을 만큼 괴로워서 잠도 못 잘 정도였다고 했다. 하고 싶어서 시작한 일이고 준비를 많이 했는데도 대책 없이 무섭고 걱정이 몰려와서 밥도 안 넘어가고 눈물만 났다는 것이다. 자신이 없어져야 이 고민이 끝날 것 같다는 생각이 들 정도였다고도 했다. 김혜수 같은 최고의 배우도 이제껏 수십 작품을 해왔는데 이런 슬럼프를 겪는다니… 놀라움과 동시에 한편

으론 위로가 됐다. 김혜수 씨 같은 사람도 겪는 슬럼프를 나 같은 애송이가 피해 가려 하다니 애초에 어리석은 생각이었다.

골프에는 입스(yips)라는 말이 있다. 슬럼프와는 조금 다르긴 하지만 원인과 증상은 비슷하다. 스윙 전 잘 쳐야 한다는 압박과 불안감으로 인해 근육 경련이 일어나서 공을 제대로 치지 못하는 현상이다. 1분 전만 해도 괜찮았던 사람이 갑자기 이상 증상을 보인다. 그렇게 짧은 시간에 기술적인 문제가 발생하기는 어렵기 때문에 전문가들은 100% 심리적인 거라고 말한다. 그래서 입스에 걸린 선수들은 심리 치료를 먼저 받는다고 한다. 타이거 우즈나 박인비 선수 같은 세계적인 골퍼들도 입스 문제로 어려움을 겪었다.

야구에도 비슷한 증세로 '스티브 블래스 증후군'이 있다. 투수가 어느 순간부터 원하는 곳으로 공을 던지지 못하는, 즉 스트라이크를 던지지 못하는 증상을 말한다. 농구나 사격 등 다른 종목 선수들도 비슷한 문제를 겪는 경우가 종종 있다. 주로 연습 때는 문제가 없는데 경기에만 나서면 이런 증상이 나타난다고 한다.

슬럼프는 누구에게나 그리고 언제나 찾아온다. 슬럼프의 정의를 보면 '연습 과정에서 어느 기간 동안 연습의 효과가 나타나지 않고 의욕이나 성과가 제자리에 머무르는 상태'라고 한다. 여기서 주목할 부분은 '연습 과정'이다. 열심히 연습하고 노력하는 사람들에게 슬럼프는 당연히 찾아올 수밖에 없다. 이 말을 뒤집어보면 연습을 하지 않는 사람, 노력하지 않는 사람은 슬럼프를 겪을 일조차 없다는 뜻이 된다. 그래서 열심히 사는 사람일수록 더 자주 슬럼프를 겪는다.

열심히 일을 하다 보면 자의적이든 타의적이든 슬럼프가 찾아오는 건 당연한 과정인 것이다. 입스와 스티브 블래스 증후군 그리고 슬럼프 모두 심리적 압박으로 인해 나타나는 증상이다. 실패에 대한 두려움으로 발생하는 불안 증세인 것이다. 열심히 하는 사람들에게는 결과에 대한 압박이 당연히 따라온다. 특히 스스로에 대한 기대치가 크고 빨리 성과를 얻으려고 조급해할수록 내가 생각하는 이상적인 모습과 지금의 현실이 다른 것에서 오는 괴리감에 슬럼프에 빠지기 쉽다.

그러므로 혹시 지금 슬럼프를 겪고 있다면 기뻐하라. 하루하루 열심히 살아가고 있다는 증거니까. 그러니 의미 없는 괴로움으로 나를 깊은 구덩이 속으로 몰아넣지 말자. 슬럼프를 이겨낼 수 있다는 생각 자체가 교만이다. 그저 겸손하게 내 바닥도 올라갈 힘도 모두 인정하고 받아들일 때 비로소 슬럼프에서 자유로울 수 있다.

그곳이 바닥임을 깨닫고 단단히 다진 후에 더 높이 올라갈 수 있다. 열심히 운동한 다음 날 찾아오는 근육통처럼 잠깐의 고통을 견뎌내면 더 단단한 마음 근육이 생긴다. 그러면 바닥을 딛고 날아오를 힘이 생긴다. 혹시 오늘을 제대로 살지 못했다 해도 좌절하거나 낙심하지 말자. 오늘의 내 모습이 너무나 초라하게 느껴진다고 해도 지금 당장 눈에 보이는 성과가 없더라도 절대 조급해하지 말자. 보이진 않지만 매일의 노력 속에 나는 조금씩 단단해지고 성장하고 있다. 이 사실을 잊지 않는다면 슬럼프가 오더라도 금세 훌훌 털고 일어날 수 있다.

다섯 번째 주문

JANN'S NOTE

실패는 그저 다시 시작할 수 있는 기회다.

이번에는 좀 더 현명하게 해보라는 ···.

— 헨리 포드

나만의
리듬을 즐기자

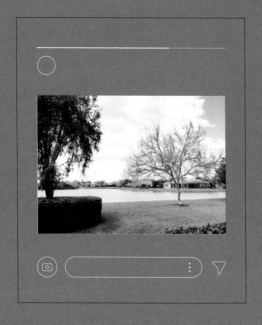

앞서 말했듯 슬럼프는 누구든 언제든 겪는 과정이다. 그러니 슬럼프에 빠졌다고 조급해하거나 초조해할 필요는 없다. 빠져나오려고 발버둥 치거나 막으려고 하는 것도 별로 효과가 없다. 살다 보면 찾아오곤 하는 슬럼프에 어떻게 대처해야 할까?

힘을 빼자

나는 스포츠를 보는 건 너무 좋아하지만 직접 하는 건 딱히 소질이 없다. 왜 그런지 생각해보면 힘을 빼는 방법을 몰라서 그런 듯하다. 골프를 처음 배울 때는 '똑딱이' 시절을 이겨내지 못했다. 똑딱이란 골프에서 가장 기본이 되는 동작으로 마치 시계추가 왔다 갔다 하는 것처럼 공을 치며 연습하는 과정이다. 손목의 힘을 빼서 정확하게 볼을 맞추는 연습을 하는 거다. 제일 많이 들었던 말이 "회원님, 힘 빼시고요."였다. 끝내 힘을 빼지 못한 나는 똑딱이를 탈출하지 못한 채 일단 포기를 선택했다. 수영을 배울 때도 마찬가지였다. 힘을 빼야 물에 뜰 수 있다. 필라테스도 비슷하다. 힘을 빼지 않으면 어떤 동작도 제대로 할 수가 없다.

운동뿐 아니라 미술을 배울 때도 마찬가지다. 미술학원에서 제일 먼저 배우는 게 선 긋기다. 스케치북 끝과 끝을 오가며 선을 긋는 연습을 하는데 힘을 빼야 일정하게 선이 그려진다. 손에 힘이 들어가면 처음부터 다시 해야 한다.

운동도 미술도 그리고 방송도 세상 모든 일이 힘을 빼야 잘할 수 있다. 운동엔 젬병이지만 일에서만큼은 힘을 빼는 연습을 꾸준히 해왔고 이제 꽤 잘한다. 슬럼프가 찾아올 때마다 나는 머릿속을 무(無)로 만들려고 노력한다. 잘하려는 욕심이 모든 것을 어렵게 만든다. 그러니 욕심을 버리고 마음을 비우는 거다. 내 눈에 보이지 않을 뿐 열심히 살고 있는 이 순간이 차곡차곡 쌓이며 내 미래를 만들고 있다는 걸 기억해야 한다. 끝없이 침잠하는 느낌이 드는가? 힘을 빼고 마음을 비워보라. 어느덧 서서히 떠오르는 자신을 느낄 수 있을 것이다.

다섯 번째 주문

즐기자

나만의 리듬으로 자신감을 가지고 즐기려는 마음가짐이 제일 중요하다. 그런데 즐기라고 하면 즐겨야 한다는 강박에 또 스트레스를 받는 사람이 있다. 그럴 땐 인생이라는 무대에서 연기를 한다고 생각해보면 어떨까. 때론 실수도 하고 슬럼프에도 빠지면서 내 인생의 드라마를 만들어가는 과정인 거다. 그 드라마를 해피엔딩으로 마무리할지, 좌절에 빠진 채 새드엔딩으로 끝내버릴지는 나의 몫이다.

단순하게 생각하자. 너무 많이 고민하지 말고 그냥 오늘 할 일을 하면 된다. 100퍼센트가 아니어도 좋다. 그저 단순하게 오늘을 살아내는 거다. 내일 일은 내일 걱정해도 된다. 오늘 하루에 집중하고 즐기는 자세가 필요하다. 어차피 여기는 내 무대다. 나에게 주어진 기회고, 나에게 조명이 비추고 있다. 당신은 이것을 즐길 자격이 있다.

잘 쉬자

일을 하다가 슬럼프가 찾아오면 나는 자리를 박차고 일어난다. 어차피 일을 붙들고 있는다고 진도가 나가지 않는다. 내가 좋아하는 달콤한 커피 한잔을 뽑아서 잠시 숨을 돌린다. 벤치에 앉아서 몸을 젖히고 하늘 한번 보는 것만으로도 힐링이 된다. 나무 냄새, 풀 냄새도 맡아본다. 가끔 도서관에 가서 책 냄새도 맡고, 책꽂이에 꽂혀 있는 책들을 이것저것 뒤적이면서 쉼을 얻는다. 잠깐 좋아하는 음악을 들으면서 명상을 하는 것도 좋은 방법이다. 힘이 되는 책 구절을 적어두고 슬럼프가 찾아올 때마다 펼쳐보기도 한다.

그림을 그리면서 내 안에 고여 있는 갈증을 풀어내는 것도 좋다. 혼자 영화를 보는 것도 좋아한다. 일이 잘 안 풀릴 때 근처에 있는 영화관에 가서 좋아하는 영화를 한 편 보고 나면 완벽하게 기분 전환이 된다. 수시로 몸을 움직이는 것도 도움이 된다. 가까운 공원까지 한 바퀴 걷고 오면 몸도 정신도 상쾌해진다. 멀리 갈 필요 없이 회사 계단만 몇 번 오르락내리락 해도 효과는 확실하다. 장기간 휴가를 내지 않아도 '빈틈 휴식'이 큰 도움이 된다. 틈틈이 즐기고 누릴 수 있는 나만의 힐링 타임을 찾아보자.

꿈을 향해 한 걸음씩 나아가는 사람들이 슬럼프를 만나면 푹 파인 웅덩이에 빠진 것처럼 내가 단단하게 믿어온 내 길에 확신을 갖지 못하고 큰 불안을 느낀다. 한두 발짝만 더 내디디면 그 웅덩이에서 빠져나올 수 있을 텐데 당장 낮아진 자신의 눈높이에서 헤어나오지 못하고 마는 것이다. 무언가를 이루기 위해 오랜 시간 열심히 준비하는 사람들에게 멘탈 관리가 필요한 이유이기도 하다. 또한 슬럼프를 성장을 막는 장애물로 생각하지 않는다면 오히려 더 큰 도

약을 위한 발판으로 만들 수 있다.

슬럼프 없이는 성장도 없다. 슬럼프는 나를 고통스럽게 하고 망하게 하는 장애물이 아니라 나를 더 단단하게 단련시키는 훈련의 과정일 뿐이다. 더 큰 그릇으로 만들어내기 위한 연단의 시간이라는 사실을 기억하자. 누구도 광야를 통과하지 않고는 원하는 목적지에 이를 수 없다. 그러니 어떻게 하면 광야를 피해 갈까가 아니라 어떻게 하면 오늘의 광야를 조금 더 즐겁게 지날 수 있을까 고민하는 편이 훨씬 지혜로운 방법이다.

가끔은 혼밥으로
내적 에너지를 충전하자

                               퇴근 후의 마음 다스리기에 대해 **이야기했지**
만 상황이 허락한다면 일하는 시간에도 마음관리를 할 시간을 마련
하면 좋다. 나는 원래도 혼밥을 좋아했지만 코로나 사태 이후 거리
두기로 더욱더 혼밥을 자주 하게 됐다. 특별한 약속이 없으면 일주
일 내내 혼자 밥을 먹기도 한다. 구내식당에 내려가 늘 앉던 자리에
앉아서 조용하게 혼밥을 즐긴다. 내가 원하는 시간에 원하는 메뉴를
선택하고 내 속도대로 밥을 먹을 수 있어서 좋다. 오전 시간을 바쁘
게 보내고 혼자만의 시간을 즐기는 점심시간은 나에게 힐링 타임이
다. 아무 생각도 안 하고 멍을 때리거나 보고 싶은 영화나 드라마를

보거나 좋아하는 음악을 들으면서 온전히 나만의 시간을 즐긴다.

혼밥의 가장 큰 장점 중 하나는 시간을 절약할 수 있다는 점이다. 천천히 밥을 먹고 들어와도 30분 이상 여유 시간이 생긴다. 누군가와 같이 밥을 먹는 경우엔 식당까지 오고 가는 시간이 더 걸려서 점심시간이 빠듯하게 지나가버리지만 혼밥을 하는 날은 훨씬 여유롭다. 아침에 못 다 읽은 신문도 읽을 수 있고 잠깐 책을 보거나 공부도 할 수 있다. 물론 동료들과 수다를 떨며 활기차게 보내는 점심시간도 당연히 좋다. 하지만 혼자 생각할 시간이 필요하거나 점심시간을 여유롭게 활용하고 싶다면 혼밥을 강력 추천한다.

혼자 영화 보는 것도 좋아한다. 코로나 사태 전에는 극장에 걸리는 거의 모든 영화를 다 챙겨 볼 정도로 영화를 자주 보러 다녔다. 주로 조조 영화를 보러 갔는데 평일 오전 시간엔 거의 대관 수준으로 사람이 없어서 완벽한 '혼영'을 즐길 수 있었다. 혼밥에 혼영뿐 아니라 가능하면 최대한 시간을 내서 혼자만의 시간을 가지려고 노력한다. 바쁜 직장인에게 하루 중 혼자만의 시간을 갖는 건 쉽지 않기 때문에 혼밥 시간이 더욱 귀하고 소중하다.

많은 사람과의 관계 속에서 하루를 보내다 보면 종종 버거운 느낌이 들 때가 있다. 특히 방송국 일은 수많은 사람과의 협업으로 이루어지기 때문에 하루 종일 사람들과 마주친다. 당연히 좋은 사람들과 일할 수 있다는 사실이 늘 감사하지만 그 속에서 온전히 나의 역할을 해내기 위해서는 혼자만의 시간이 절실히 필요하다는 사실을 점점 깨닫게 되었다.

그렇지 않으면 무리 안에 있을 때 온전히 그 순간에 집중하지 못하는 경우가 생긴다. 수시로 휴대전화를 보거나 다른 생각을 하고 대화에 집중하지 못한다. 또 많은 사람과 다 같이 모여서 웃고 떠들고 한바탕 이야기를 쏟아내고 나면 오히려 더 깊은 공허함이 느껴질 때가 많다. '아 그 얘기를 왜 했지', '그 사람한테 괜히 말했나' 하고 후회하는 경우도 많다. 또 남의 험담을 하거나 생산성 없는 무의미한 대화들이 오갈 때면 쉽게 피곤해지고 회의감마저 든다. 분명 사람들과 함께 있는데 혼자 있을 때보다 더 외로운 기분이 들 때도 있다. 그렇기 때문에 좋은 관계를 위해서라도 혼자만의 시간은 꼭 필요하다.

시끄러운 곳에서 벗어나 조용한 장소에서 나의 생각을 정리할 시간을 따로 마련한다. 혼자만의 시간은 마음을 정화하고 공허함을 채워준다. 내 몸과 마음을 돌아보는 시간이 되기도 한다. 에너지를 비축해 일을 더 열심히 할 수 있다. 무리에서 떨어져 나만 뒤처지는 건 아닌지, 혹시 중요한 이야기를 놓치는 것은 아닌지, 나만 따라잡지 못하면 어쩌지 하는 걱정과 불안은 잠시 접어두는 게 좋다. 혼자만의 시간을 잘 보내는 것은 오히려 함께하고 싶은 사람이 되기 위한 과정이기 때문이다.

마음도
충전이 필요하다

방송을 하다 보면 작은 일에도 유독 예민하게 반응하는 사람들이 있다. 물론 일을 하다 보면 누구나 예민해질 수 있다. 뭔가 하나라도 예상에서 어긋나면 신경이 곤두서는 건 당연하다. 하지만 각자의 마음 상태에 따라 그런 상황에 대처하는 방법이 다르다. 어떤 사람은 소리를 지르며 모든 잘못을 다른 사람에게 돌린다. 쉽게 짜증을 내고 예민하며 감정 기복도 심하다. 반면 어떤 사람은 그 상황마저도 방송의 일부임을 받아들이고 유연하게 대처한다. 정말 급박한 상황이 닥치면 누구나 예민해지는 건 어쩔 수 없지만, 적어도 감정적이고 공격적으로 반응하는 사람은 아무리 일을 잘하고 인정 받는 사람이라도 가까이 하고 싶지 않다.

감정적으로 반응하고 행동하지 않기 위해서는 평소 마음 상태를 수시로 점검하고 다스리는 게 중요하다. 모두에게 친절하며 좋은 말을 하고 남 탓하지 않고 그렇다고 내 탓도 하지 않으며 대수롭지 않게 모든 상황을 정리할 수 있는 여유, 그것은 혼자 있는 시간을 통해 비축할 수 있다.

한 것도 없는데 쉽게 지치고 피곤하다면 몸과 마음을 회복시키는 충전의 시간이 필요하다. 그때그때 마음 상태를 점검하고 휴대전화 배터리를 충전하듯이 수시로 충전을 해줘야 한다. 휴대전화도 오래 쓰면 쓸수록 배터리가 금방 닳아 없어져서 더 자주 충전을 해줘야 한다. 우리의 몸과 마음도 마찬가지다. 어떤 일에 익숙해졌다고 매일 같은 일을 한다고 충전의 시간을 소홀히 하다가는 나도 모르는 사이에 배터리가 방전될 수 있다. 그리고 방전된 배터리를 다시 살리려면 그만큼 시간이 더 걸린다. 한숨을 자주 쉰다거나 쉽게 피곤하고 의욕이 없다면 에너지가 완전히 소진되기 전에 충전이 시급하다. 더 이상 주도적으로 적극적으로 업무를 수행할 의욕조차 없다면 혼자만의 시간을 가져보자. 혼자 가만히 앉아서 멍 때리는 시간만으로도 충분히 도움이 된다. 내 마음을 방치하지 말자.

벤치에서 하는
셀프 대화

········   누군가에게 기대어 해결하려고 하지 말자. 친구를 만나서 수다를 떨면 잠깐 기분은 좋아질지 모르지만 내 안에 있는 응어리는 혼자만의 시간으로 풀어내야 한다. 자리에서 일어나 밖으로 나가서 걷기도 하고 등산도 하고 자연을 느끼면서 스스로를 위로하고 살펴줘야 한다. 지쳐 있는 나를 이해하고 토닥여주는 시간이 필요하다 무엇을 해야 좋은지 싫은지 행복한지 나 자신이 가장 잘 알고 있다. 평소 혼잣말을 하는 것도 도움이 된다.

실제로 나는 회사 앞 벤치에 앉아서 '셀프 대화'를 자주 한다. '아 오늘 좀 힘들다', '아까 그 사람 말투 진짜 짜증 났지', '근데 너는 왜 그렇게 반응했어?', '괜찮아, 잘하고 있으니까', '근데 이따 그 일은 어떻게 해결하면 좋을까?' (남이 보면 좀 이상해 보일지 모르지만) 혼자 질문하고 답변하고 위로하고 격려하고 다 한다. 나도 몰랐던 내 생각과 마음을 꺼내보는 시간이다. 나를 온전히 이해하고 알아주는 사람은 바로 나 자신이니까 그 자체만으로도 충분히 의미가 있다.

혹시 무슨 일을 해도 집중이 어렵고 쉽게 지치고 피곤하다면, 만사가 다 귀찮은 번아웃 증상을 겪고 있다면 혼자만의 시간을 보내보자. 사람들 사이에서 하루 종일 갈대처럼 흔들리던 내 마음을 꼿꼿하게 세워주고 마구 구겨졌던 마음도 빳빳하게 다려주는 시간이다. 단순히 기분 전환을 넘어서 편안한 마음을 회복하고 나면 일의 능률도 더 높아진다.

*

JANN'S NOTE

고독을 통해 마음에 힘을 얻을 수 있고

자신에게 기대는 법도 배울 수 있다.

— 로렌스 스턴

새로운 내일을 위해
제대로 리셋하자

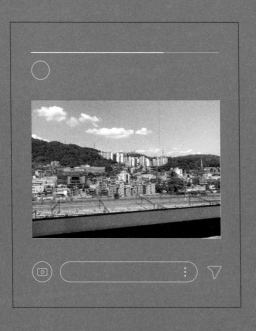

하루의 모든 아쉬움과 후회, 부정적인 생각들은 홀홀 털어 버리고 집으로 절대 가지고 오지 않는 게 좋다. 실수한 것들을 돌아보며 괴로워하지 말고 '다음엔 더 잘하자' 다짐하기! 거기까지만 하자. 더 깊이 생각하다가 소중한 저녁을 우울하게 만들 뿐이다. 사람과의 관계 역시 마찬가지다. 오늘 있었던 일은 오늘 털어버리는 게 좋다. 화나는 일이 있다면 바로 풀고 누군가에게 실수한 일이 있다면 오늘이 가기 전에 사과하고 해결하자. 화가 더 커져서 분노와 우울함으로 저녁을 보내기 전에 먼저 빨리 용서하고 털어버리자. 오늘이 가기 전에 부정적인 감정을 모두 지워버리는 기다. 그래야 기쁜 마음으로 하루를 마무리할 수 있으니까. 그래야만 비로소 어깨에 올려놓았던 걱정과 부담을 모두 내려놓고 온전한 자유를 누릴 수 있으니까.

그렇다고 해서 건강한 자기 평가와 반성을 하지 말라는 것은 아니다. 중요한 것은 스스로를 칭찬하는 것과 반성하는 것의 균형을 잡는 것이다. 잘한 건 평가하고 잘못한 건 분명 짚고 넘어가야 한다. 중요한 건 계속 질질 끌고 가서는 안 된다는 것이다. 나의 경우 퇴근을 하는 순간 오늘 하루의 모든 아쉬움과 후회, 걱정과 피로는 다 털어버린다. 아쉬움은 뒤로 하고 새롭게 모든 것을 '리셋'한다. 이미 지나간 일들은 더 이상 돌아보지 않는다. 혹시 실수한 게 있다면 그로 인해 배울 수 있는 긍정적인 것들을 찾는 데 집중한다. '오늘 그 멘트 진짜 별로였는데.' 그럼 다음부터 안 하면 된다. '오늘 옷 색깔은 안 어울렸어.' 그럼 다음엔 안 입으면 된다!

이처럼 땅을 파고들어가는 자책이 아니라 발전을 위한 자기 반성에서 멈추는 법을 배워나가기 시작했다. 물론 처음부터 쉽지는 않다. 그런데 어떻게 해도 리셋이 잘되지 않는다고 하는 사람이 있다. 나도 그랬다. 오늘 내가 한 자잘한 실수, 상사의 한마디나 눈빛 등을 생각하지 않으려고 해도 끈질기게 나를 따라다니며 괴롭혔다. 자려고 누우면 별별 생각이 꼬리에 꼬리를 물어 잠을 방해했다.

하지만 생각도 습관이다. 퇴근하는 순간부터는 억지로라도 다른 생각을 하거나 음악을 들으며 기분 전환을 하는 등 '리셋 스위치'를 눌러줘야 한다. 새로운 내일은 반드시 온다. 오늘이 후회스러웠다면 내일은 다르게 해보자. 그래도 잘 안 됐다면 다시 리셋하고 그다음 날은 또 다르게 해보자. 그 과정에서 내가 성장해가는 것이라고 믿는다.

그럼 리셋 스위치는 어떻게 만들 수 있을까?

퇴근 후에는
다른 곳에 정신을 팔아라

퇴근과 함께 모든 것을 리셋하고 새로운 마음으로 내일을 준비하는 시간을 갖는다. 맛있는 저녁을 먹고 시원하게 샤워를 하고 좋아하는 드라마를 보면서 푹 쉬는 것도 좋다. 오늘 하루도 열심히 달려온 나 자신에게 온전한 쉼을 선물한다. 몸과 마음을 온전히 회복해야 내일 또 힘차게 달릴 수 있다.

보통 피곤하다는 이유로 아무것도 안 하고 저녁 시간을 흐지부지 흘려보내는 경우가 많은데 퇴근 이후에도 할 수 있는 일이 너무나 많다. 운동을 하거나 책을 읽거나 베이킹을 하거나 그림을 그리는 등 가볍게 즐길 수 있는 취미 활동을 하는 것도 추천한다. 말이 조금 서장하긴 하지만 완전히 새로운 일에 도전하면서 제2의 인생을 준비하는 것은 어떨까? 관심 있는 분야의 강의를 들으며 공부히거나 자기만의 유튜브 채널을 운영하거나 팟캐스트 같은 콘텐츠를 직접 만들어보는 것도 좋다.

퇴근 이후의 시간을 자기가 좋아하는 일, 하고 싶었던 일에 도전하는 시간으로 만들어보는 거다. 그러다 보면 자연스럽게 일에 대한 집착이나 쓸데없는 욕심도 줄어든다. 그리고 다른 일도 얼마든 해낼 수 있다는 자신감과 성취감까지 얻을 수 있다. 그래서 나는 이왕이면 생산적인 일로 저녁 시간을 보내는 걸 추천한다.

생각보다 내가 할 수 있는 일이 너무나 많다. 회사에서의 오늘 하루가 순탄치만은 않았다고 해도 퇴근 후 내가 좋아하는 일을 하면서 위로를 얻을 수 있고, 나의 가치를 찾을 수 있고, 자신감도 충전할 수 있다. 남이 시켜서 하는 일이 아니라 내가 하고 싶은 일, 좋아서 하는 일이어야 한다. 성과를 내야 한다는 강박에서 벗어나 오롯이 나만을 위한 시간, 내가 행복하기 위한 시간을 보내자. 시간이 없어서, 피곤해서라는 핑계는 이제 넣어두자. 하루 한 시간, 아니 30분만으로도 충분히 많은 일을 해낼 수 있다. 그리고 꾸준히 하자. 언젠가 '부캐'가 '본캐'가 되는 날이 올지도 모르니까.

다섯 번째 주문

잘못된 일에만 너무 신경쓰지마.

되돌릴 방법은 언제나 있어!

— 〈인사이드 아웃〉 중에서

여섯 번째 주문

"가벼운 한 걸음부터
시작해"

작은 일이라도 꾸준히 하는 사람이 이긴다

잰느미온느의
타임터너

멈추지 않으니
나의 때가 왔다

입사 후 몇 년 동안은 아주 이른 새벽이나 심야 시간에 하는 방송을 주로 맡아 했다. 밖에 나가서 인터뷰를 하거나 짧은 코너에서 소식을 전한다거나 스포츠 경기 중에 잠깐 현장 분위기를 전하는 역할이었다. 그러다 보니 눈 깜짝할 사이에 지나가버리는 경우가 많아서 가족이나 가까운 지인들이 대체 언제 TV에 나오는 거냐고 자주 물었다. 심지어 우리 할아버지는 내가 뉴스를 맡기 전까지 방송에서 나를 제대로 본 적이 없었다. 나는 꽤 오랜 기간 눈에 띄는 역할이나 많은 사람이 주목하는 시간대의 방송을 하지 못했다.

스포츠만 해도 농구, 축구, 골프, F1, 탁구, 배구, 유도, 육상, 리듬 체조, 피겨 등 잠깐의 리포팅이나 인터뷰를 위해 안 나가본 경기장이 없었다.

선거 방송도 비슷했다. 첫 선거 방송 때는 '낭독 조'라고 해서(지금은 '선거 캐스터'라고 부른다) 화면에 나오지 않고 목소리로만 현재 개표 상황을 전해주는 역할을 했다. 그다음 선거 때는 VR로 현재 투표율이나 득표율 등을 전했고, 다음 번 선거에서는 AR 스튜디오로 옮겨가서 좀 더 다이내믹하게 개표 상황을 전했다.

그리고 그다음 선거 때 드디어 MC를 맡게 되었다. 처음 선거 방송 낭독 조를 한 이후 10년 만에 하게 된 MC 역할이었다. 그럴 일도 없었겠지만 만약 내가 처음부터 바로 메인 MC를 했다면 아마 제대로 말도 못 했을 뿐 아니라 분명 방송 사고가 났을 거다. 아니면 상황을 제대로 설명하지도 못하고 입도 뻥긋하지 못한 채 멀뚱멀뚱 서 있기만 했을지도 모르겠다. 차근차근 공부하고 배우고 익힌 다음 MC를 하게 되니, 내 역할뿐 아니라 전체적인 상황을 파악할 수 있었고 그만큼 진행하기도 훨씬 수월했다.

〈섹션TV 연예통신〉이라는 프로그램 역시 1년 넘게 리포터로 활동하다가 몇 년 뒤 MC를 맡게 되었다. 이처럼 눈에 잘 띄지 않고 크게 주목받지 못하는 역할이라도 연연해하거나 조급해하지 않았다. 보이지 않는 곳에서 늘 조금씩 달려나가고 있었고 그 모든 과정 지체를 즐겼다.

오히려 새벽이나 심야 시간에 하는 프로그램들을 많이 경험했던 게 좋은 훈련이 되었다. 혹시 실수를 해도 크게 눈에 띄지 않았기에 나만의 스타일로 이것저것 새로운 시도를 해볼 수 있는 좋은 기회였다.

심야에 하는 라디오 프로그램에 게스트로 나가서 즐겁게 퀴즈도 풀고 노래 대결도 해보고 김장 행사에 리포터로 나가서 김치도 담가보고 스포츠 인터뷰에 나가서는 유도도 배워보고 탁구도 배워보고 농구에 축구도 배워보았다. 내가 언제 국가대표 안창림 선수에게 업어치기를 배워보고 정영식 선수에게 서브를 배워보겠는가!

멘트도 내가 하고 싶은 대로 이렇게도 해보고 저렇게도 해보고 다양하게 연습하고 시도할 수 있었다. 그때가 아니면 절대 해볼 수 없었을 감사한 기회였다. 한 살이라도 어리고 젊을 때 더 많이 시도하고 더 많이 실패하고 그렇게 성장할 수 있었다.

서두르지 않고 조급해하지 않고 그때그때 나에게 주어진 역할에 충실하다 보니 가장 완벽한 타이밍에 기회가 찾아왔다. 훈련의 과정 없이 처음부터 내 능력 이상으로 중요한 역할을 맡았다면 스스로가 버거워서 제대로 감당해내지 못했을 것이다. 먼저 그 자리에 걸맞은 실력을 쌓아야 무슨 일이든지 오래 잘해낼 수 있다. 당장 눈앞에 보이는 성과에 욕심부리지 말고 조급해하지도 말고 그때그때 주어진 일에 집중하자. 그리고 차근차근 준비하며 때를 기다려야 한다. 어느 날 갑자기 기회가 하늘에서 뚝 떨어지지 않는다. 준비된 자에게 기회가 찾아오고 훈련된 자가 그 기회를 잡을 수 있다.

모든 위대한 일은
작은 일에서 시작된다

　　　　　　　　"열심히 하고는 있는데 아무도 알아주지 않는 것 같아서 힘이 빠져요."

　　이제 막 사회생활을 시작한 후배들이 가끔 이런 고민을 이야기한다. 그들에게 나는 모든 것엔 때가 있으니 조급해하거나 서두르지 말고 자신의 페이스대로 나아가라고 조언한다.

　　누군가에게 조언 같은 걸 하기엔 나도 아직 많이 부족한 사람이라 쑥스럽긴 하지만 이 말만큼은 용기를 내어 꼭 해주고 싶다. 당장은 눈앞이 캄캄해 크게 와닿지 않을지도 모르겠다. 하지만 뭐든 한 번에 되는 경우도 한 번에 되는 사람도 거의 없다. 나 역시 MBC에 합격하기까지 수도 없이 도전하고 떨어져봤다. 방송을 시작하고서도 눈에 띄지 않는 작은 일부터 시작했다.

나보다 한참 앞서 나가고 있는 사람들을 보며 지금 내 모습은 한없이 초라하게 느껴질 때가 있다. 나만 늘 그 자리에 멈춰 있는 기분이 들 때도 있다. 조급한 마음이 들 수밖에 없다. 하지만 앞서 이야기한 것처럼 내가 바라봐야 할 대상은 다른 누군가가 아닌 나 자신이다. 뒤처진 것 같은 느낌이 들 때 너무 많은 생각은 한없이 우울한 기분으로 나를 밀어 넣고 달려갈 의욕마저 꺾어버린다. 그러니 우울한 생각이 들 때마다 빠르게 그 기분에서 벗어나자. 책을 읽든 기도를 하든 밖으로 나가서 무작정 걷고 오든, 어떻게든 기분 전환이 필요하다. 다시 달릴 수 있게 운동화 끈을 바짝 동여매자.

자신의 페이스를 잃지만 않으면 된다. 지금 앞서가고 있다고 해도 누가 먼저 결승점을 통과할지는 아직 모른다. 속도보다 중요한 것은 방향이라는 걸 시간이 지날수록 뼈저리게 느낀다. 조금 느리더라도 올바른 방향으로 달리고 있다면 충분하다. 모두에게 각자의 속도가 있고, 각자의 타이밍이 있다는 말은 진리다.

> 범사에 기한이 있고 천하만사가 다 때가 있나니
>
> 날 때가 있고 죽을 때가 있으며 심을 때가 있고 심은 것을 뽑을 때가 있으며

여섯 번째 주문

죽일 때가 있고 치료할 때가 있으며 헐 때가 있고 세울 때가 있으며

울 때가 있고 웃을 때가 있으며 슬퍼할 때가 있고 춤출 때가 있으며

돌을 던져 버릴 때가 있고 돌을 거둘 때가 있으며 안을 때가 있고 안는 일을 멀리할 때가 있으며

(중략)

하나님이 모든 것을 지으시되 때를 따라 아름답게 하셨고 또 사람들에게는 영원을 사모하는 마음을 주셨느니라. 그러나 하나님이 하시는 일의 시종을 사람으로 측량할 수 없게 하셨도다. (전도서 3:1~5, 11)

힘든 시기를 버티고 있는 많은 사람에게 전하고 싶은 성경 구절이다. 수험 생활을 할 때, 입사 시험을 준비할 때 그리고 지금도 매일 나를 버티게 하는 말씀이다. 모든 것에 때가 있다. 그리고 그 모든 때를 아름답게 하신다. 그리고 그다음 이어지는 구절은 더욱 마음을 울린다.

사람들이 사는 동안에 기뻐하며 선을 행하는 것보다 더 나은 것이 없는 줄을 내가 알았고

사람마다 먹고 마시는 것과 수고함으로 낙을 누리는 그것이
하나님의 선물인 줄을 또한 알았도다. (전도서 3:12~13)

너무 멋진 말씀이다. 사는 동안 늘 기뻐하며 선을 행하고 수고함
으로 낙을 누리는 것, 그 모든 것이 다 선물이라는 것이다. 조급한 마
음에 페이스를 잃고 잘못된 방향으로 가지 않기를, 이 레이스를 포
기하지 않기를 간절히 바란다. 그리고 그 과정에서 주변을 돌아보며
내가 할 수 있는 만큼 선을 행할 수 있기를, 그리고 마침내 이 길 끝
에서 승리의 기쁨을 온전히 누릴 수 있기를 소망한다.

작은 일에 충실할 때
기회는 찾아온다

········   어쩌다 보니 성경 이야기를 너무 많이 했지만
사실 꼭 종교에 한정된 이야기는 아니다. 성경은 세계에서 가장 많
이 읽힌 그리고 지금까지도 읽히고 있는 최고의 스테디셀러다. 종교
를 떠나 성경 안에는 수많은 인생의 지혜와 교훈이 담겨 있다. 그
런 의미에서 나의 인생 말씀 한 구절을 하나만 더 소개하고 싶다.

지극히 작은 것에 충성된 자는 큰 것에도 충성되고 지극히 작

은 것에 불의한 자는 큰 것에도 불의하니라. (누가복음 16:10)

모든 훌륭한 일은 아주 작은 일에서부터 시작된다는 것을 알려주는 구절이다. 사소한 일이라도 하찮게 여기지 않고 성실하게 수행할 때 생각지도 못했던 결과와 기회가 찾아온다. 그래서 나는 '작고 사소한 일일수록 더 열심히 하기'를 삶의 모토로 삼았다. 누가 보든 보지 않든, 언제든 최선을 다하자고 늘 다짐한다. 남들이 보기엔 초라한 방송이어도 내가 잘해서 최고의 방송으로 만들면 된다.

종종 더 큰 일을 하고 싶어 욕심을 부리다가 정작 지금 하고 있는 일, 나에게 맡겨진 일을 소홀히 하게 되는 경우가 있다. 큰 꿈을 꾸고 목표를 향해 달려가는 건 좋지만 먼저 지금 나에게 주어진 일에 집중해야 한다. '이런 하찮은 일을 내가 왜 해야 하지', '난 더 중요한 일도 잘할 수 있는데'라고 생각하는 사람들은 절대 큰일을 할 수 없다. 작은 일에도 진심을 다해서 해내는 자세가 필요하다.

"당신에게 신발을 정리하고 지키는 일이 주어졌다면 그 일로 나라 전체에서 최고가 되어보라. 그러면 당신을 그 자리에 계속 두지는 않을 것이다."

일본 한큐철도 창업자인 고바야시 이치조의 말이다. 사소한 일이라도 하찮게 여기지 않고 성실하게 임하는 사람은 반드시 성공한다. "역시 저 사람한텐 뭐든 믿고 맡길 수 있어.", "저 사람이랑 같이 일하고 싶어."라는 말을 듣는 사람이 되기 위해서는 작은 일부터 최선을 다해야 한다. 주어진 일을 성실하고 꾸준히 할 때 기회는 자연스럽게 찾아올 것이다.

*

모든 위대한 일은

작은 시작에서 출발한다.

— 피터 센게

반복되는 일상은
나의 한계를 깨는 과정이다

　나에게 롤모델이 누군지 물어보면 망설임 없이 메이저리그 LA다저스의 클레이튼 커쇼 선수라고 답한다. 아나운서가 야구 선수를 롤모델이라고 말하는 게 의아할지 모르겠다. 하지만 그가 어떤 선수인지 알면 이해가 갈 것이다.

　커쇼는 현존하는 메이저리그 최고의 투수다. 2019년에는 메이저리그 공식 홈페이지(MLB.com)가 선정한 지난 10년간 뛰었던 선발투수 중 가장 뛰어난 선수로 뽑히기도 했다. 이게 얼마나 대단한 일이냐면 무려 10년 동안이나 꾸준하게 최고의 자리를 지켜왔다는 뜻이다. 1년도 아니고 5년도 아니고 무려 10년을! 그뿐 아니리 커쇼는 평생 한 번 받기도 어려운 사이영상(최고의 투수에게 주어지는 상)을 세 번이나 수상했고, 2014년에는 무려 46년 만에 투수로서 내셔널리그 MVP까지 달성했다.

커쇼가 최고의 투수가 될 수 있었던 비결은 바로 '꾸준함'이었다. 커쇼는 평소 자신의 루틴을 가장 잘 지키는 선수로 유명하다. 매일 정해진 훈련량과 시간을 정확하게 지키고 하루도 거르지 않았다. 그렇게 꾸준히 지켜온 루틴과 반복된 훈련으로 10년 동안 최고의 자리를 지킬 수 있었다.

나의 롤모델, 커쇼 선수를 실제로 만난 적이 있다. 메이저리그로 취재를 갔을 때였다. 커쇼는 평소엔 선수들과 장난도 치고 멀리서 온 취재진이나 팬들에게 다정한 모습을 보여준다. 하지만 등판을 앞두고는 완전히 돌변한다. 누구도 그를 건드릴 수 없을 만큼 경기에 몰입하고 집중한다. 최고의 스타 선수임에도 불구하고 훈련에 임하는 자세만큼은 신인 선수보다 더 열정적이고 성실하다. 함께 뛰는 선수들 역시 그가 압도적인 기량을 오래 유지한 비결에 대해 성실함과 꾸준함을 꼽으며 존경심을 감추지 않는다. 팀의 에이스로서 그의 모습은 다른 선수들에게도 좋은 영향을 미치는 듯했다. LA다저스의 역대 감독들 역시 그를 칭찬했다.

"그는 세상에서 가장 꾸준하게 훈련하는 선수다. 커쇼처럼 일관성 있는 선수를 본적이 없다. 그는 지구상 최고의 선수다."

여섯 번째 주문

"우린 그를 '빅 트레인'(Big Train)이라고 부른다. 큰 기차처럼 계속해서 갈 길을 가고 꾸준한 모습을 보여주기 때문이다. 아무리 어려운 상황이라도 그는 그렇게 간다."

하지만 그렇게 꾸준하게 선수 생활을 해온 커쇼도 당연히 흔들리는 순간이 있었다. 승리를 하지 못하는 날도 많았다. 2020년 우승을 하기 전까지 중요한 포스트시즌 경기 때마다 흔들리는 모습으로 팬들의 원성을 사기도 했다. 하지만 커쇼는 역시 커쇼였다. 그 무엇도 우승을 향한 그의 열정을 막지 못했다. 절대 좌절하거나 멈추지 않았고, 결국 꿈에 그리던 우승의 주역이 됐다.

커쇼의 꾸준함은 야구뿐 아니라 선행에서도 빛을 발하고 있다. 신혼여행으로 잠비아에 봉사 활동을 떠날 정도로 자신이 누린 것을 나누는 사람이다. 그는 '커쇼 챌린지'라는 재단을 만들어서 아이들을 위한 기부 활동을 꾸준히 이어가고 있다. 경기에서 삼진을 하나 잡을 때마다 기부를 하는 형식으로 기부금을 마련한다. 이런 자선 활동으로 로베르토 클레멘테상(자선, 봉사 등 사회 공헌 활동에 앞장선 선수에게 수여하는 상)을 수상하기도 했다. 비시즌에는 집중 트레이닝도 포기하고 부인과 함께 잠비아에 있는 고아들을 돕기 위해 봉사를 떠난다. 최고의 투수가 아프리카에서 편한 복장으로 아이들과 캐치볼을 주고받는 모습은 야구 팬으로서 눈물이 날 만큼 감동적이다.

커쇼뿐만이 아니다. 각 분야에서 최고가 된 사람들 대부분이 매일 꾸준하게 자기의 일에 몰두했다. 현재 NBA 최고의 3점 슈터로 꼽히는 스테판 커리 선수는 하루에 슈팅을 1,000개 이상 던지면서 훈련했다고 한다. 발레리나 강수진은 수천 번씩 같은 동작을 반복하면서 하루 20시간씩 연습했고, 그 결과 세계적인 프리마돈나로 우뚝설 수 있었다. 반대로 타고난 천재성이나 재능만 믿고 노력하지 않아서 전성기도 누려보지 못한 채 은퇴한 선수도 많다. 아무리 재능이 뛰어나도 꾸준하게 노력하지 않으면 최고가 될 수 없다. 이것은 비단 스포츠뿐 아니라 어떤 분야에서나 마찬가지다.

한 번에
되지 않아도 괜찮아

2016년 메이저리그 중계 프로그램인 〈MLB LIVE〉라는 방송을 시작했다. 지상파 방송에서 처음으로 여자 아나운서가 야구 중계방송에 함께하게 됐다. 방송을 하는 우리에게도 그리고 방송을 지켜보는 야구 팬들에게도 매우 생소한 일이었다. 무엇보다 내가 많이 부족했다. 매번 방송을 할 때마다 뭘 해야 할지도 모르고 허우적거렸다. 당연히 욕도 많이 먹었다.

방송이 끝나면 혼자 숨어서 울기도 했다. '이걸 내가 계속해야 하나', '모두에게 민폐가 아닌가' 자책하며 괴로워했다. 처음으로 나에게 주어진 방송을 포기하고 싶다는 생각을 하기도 했다. 무엇보다 스포츠를 좋아하는 팬으로서 나 스스로가 미숙한 방송이 용납되지 않았다.

어김없이 최악의 방송을 하고 좌절에 빠져 있던 어느 날이었다. 그런 내가 안쓰러워 보였던지 중계를 함께하던 스포츠국 선배가 말을 건넸다.

"재은아, 네가 얼마나 열심히 하는지 모두가 다 알고 있어. 너는 커쇼 같은 아나운서야. 늘 꾸준히 노력하니까. 한 번에 되지 않는다고 너무 좌절하지 마. 너는 꼭 훌륭한 캐스터가 될 거야."

커쇼 같은 아나운서라니, 눈물 나게 과분했던 선배의 응원에 마음을 고쳐먹었다. 스포츠 중계를 시작한 지 고작 몇 개월밖에 안 된 내가 좌절할 자격이나 있을까? 그렇게 다시 늘 해왔던 것처럼 시즌 내내 밤을 새워 열심히 공부했다. 이른 새벽부터 진행되는 모든 경기를 다 챙겨보고 하나라도 더 배우고 싶어서 열심히 선배들을 따라다녔다. 사실 아무리 미친 듯이 노력하더라도 한 시즌 만에 크게 달라지지는 않는다. 하지만 비판의 목소리는 잦아들었고 나도 점점 자신감이 붙었다. 분명한 건 전보다 확실히 성장했다는 사실이다.

천천히 오래 멀리 나아가자. 지겹도록 꾸준한 커쇼 같은 사람이 되자. 메이저리그 최고의 투수 커쇼도 우승을 거머쥐기까지 10년이 넘는 세월이 걸렸다. 그 정도는 일관되게 노력해본 뒤에 좌절해도 늦지 않다. 이렇게 결심하고 나 자신을 다독이며 여기까지 올 수 있었다. 매일 같은 시간, 같은 자리에서 같은 일을 반복하는 것. 너무나 어려운 일이다. 하지만 그 어려운 일을 해내는 사람이 결국 승리한다고 믿는다. 그러니 지치지 말고 차근차근 정성스럽게 오늘을 살아내 보는 거다.

꾸준함과 성실함이야말로 재능을 뛰어넘는 최고의 무기다. 평범한 사람도 비범하게 만들어주는 가장 정확하고 빠른 길이다. 꾸준하고 성실한 사람은 어쩌다 흔들리더라도 금방 폼을 되찾는다. 오랜 시간 해온 것이 몸에 배어 있기 때문이다.

여섯 번째 주문

JANN'S NOTE

성공은 우연히 찾아오지 않는다.

준비된 사람에게만 찾아온다.

— 존 워너메이커

작은 말버릇이
많은 것을 바꾼다

"아, 짜증 나."

"피곤해 죽겠네!"

"힘들어서 못 하겠다."

누구나 하루에 한 번씩은 습관적으로 내뱉는 말들이다. 아침에 일어나는 순간부터 꽉 막힌 출근길, 지루한 회의 시간, 꼰대 상사와의 점심시간, 산더미처럼 쌓인 일…. 나도 모르게 내 안에 나쁜 감정들이 생겨나고 부정적인 말들이 불쑥불쑥 습관처럼 튀어나온다.

말이 가진 힘은 굳이 강조하지 않아도 누구나 다 알고 있다. '말한마디에 천 냥 빚도 갚는다', '말이 씨가 된다', '죽고 사는 것이 혀의 힘에 달렸다' 등의 말이 있을 정도로 우리가 뱉는 말의 힘은 어마어마하다.

어릴 때부터 부모님은 나에게 공부하라는 말은 잘 안 했지만 언어 습관만큼은 아주 철저하게 교육했다. 늘 긍정적이고 바른 언어를 사용하도록 했고 조금이라도 부정적인 말을 하면 엄청 혼이 났다. 그래서 부정적인 말이나 생각은 단 한마디도 입 밖으로 꺼낼 수 없었다. 한번은 무심코 '배불러 죽겠다'는 말을 뱉었다가 크게 혼나기도 했다.

"배불러 죽겠다니! 빨리 취소해!"

"엄마, 그냥 그만큼 배가 많이 부르다는 거예요."

"그럼 아 배불러 살겠다, 배불러서 행복하다, 이렇게 말하면 되지 않겠니?"

어릴 땐 이런 사소한 말조차 허락되지 않는 게 너무 피곤했다. 부모님의 긍정 교육은 어른이 되어서도 계속됐다. 어느 날은 엄마가 출근하기 전에 큰 소리로 읽고 나가라면서 종이 한 장을 책상 위에 붙여주었다.

"기쁜 하루 되세요."

'유치하게 이런 걸 왜 해'라고 생각했지만 엄마의 재촉에 어쩔 수 없이 "상쾌한 하루 되세요." 하고 내뱉었다. 다음 날도 계속되었다.

"살맛 나는 하루 되세요."

"화사한 하루 되세요."

정말 신기하고 놀랍게도 점점 기분이 상쾌해지는 느낌이었다. 하루, 이틀, 한 달 그렇게 매일 긍정적인 말로 하루를 시작하니 아침 일찍 일어나는 게 가뿐해졌고 월요일 출근길에도 활기가 넘쳤으며 하루하루가 확실히 더 행복해졌다. '아, 또 월요일이야. 피곤하다'라는 생각보다 '오늘은 좋은 일이 있을 거야! 난 뭐든 해낼 수 있을 거야!', '이번 주는 어떤 설레는 일이 기다리고 있을까?'라는 생각이 먼저 들었다.

믿기지 않겠지만 실제로 한번 해보면 나처럼 신기한 경험을 하게 될 것이다. 심지어 옆방에 있는 동생이 집을 나서기 전 "오늘은 기분 좋은 하루가 될 거야!"라고 외치는 소리를 멀리서 듣기만 했는데도 기분이 훨씬 좋아졌다. 이제는 내가 긍정적인 단어를 퍼트리는 전도사가 되었다. 그럴수록 웃는 얼굴이 돌아오니 나는 더욱 행복해졌다.

말은
전염성이 강하다

········   부모님의 긍정 교육이 얼마나 중요하고 귀한 것이었는지 이제야 알 것 같다. 긍정적으로 말하는 습관이 몸에 배

면 자연스럽게 생각과 삶을 살아가는 태도, 인간관계 그리고 일에도 긍정적인 영향을 끼친다는 걸 알게 됐다.

사람의 말과 감정은 전염성이 정말 강하다. 주변을 돌아보면 부정적인 말을 입에 달고 다니는 사람이 한 명쯤은 있을 거다. 무슨 일을 하든지 일단 불평불만으로 시작하는 사람, 비관적인 결과만 내놓는 사람, 이런 사람들은 곁에만 있어도 지치고 피곤하다. 그들과는 짧은 대화조차 노동이 된다. 내가 긍정적으로 이야기하려고 해도 부정적으로 되돌아오기 때문에 나쁜 감정이 나에게도 전염되는 기분이다. 미안한 말이지만 나도 모르게 자꾸 피하게 되고 같이 일하는 것도 꺼려진다.

일을 하다 보면 예민해지는 순간이 있고 짜증나는 일들이 생기는 건 당연하다. 아무리 긍정적인 생각만 하려고 해도 힘들 수밖에 없다. 사람은 불안하고 불완전한 존재이기 때문에 좋지 않은 생각에 휩싸이고 무심코 부정적인 말을 할 수도 있다. 그때의 감정을 인정하고 받아들이되 마이너스 방향으로 생각이 확장되거나 부정적인 말투가 습관이 되지 않도록 통제하는 게 중요하다. 부정적인 감정과 말은 철저하게 관리하지 않으면 더 강력해지고 커져서 나도 모르는 사이에 내 마음과 생각을 지배할 수 있다.

부정적인 말을 내뱉기 전에 내가 놓인 상황을 바꾸는 연습이 필요하다. "피곤해."라고 말하기 전에 피곤을 풀 수 있는 따뜻한 커피 한잔을 마신다거나 "짜증 나."라고 말하기 전에 '아, 내가 이래서 화가 났구나. 그렇구나' 하고 나의 감정을 인정하고 스스로 토닥이며 마음의 응어리를 풀어내는 것이다.

"잘하고 있어!"

"넌 최고야!"

"넌 무조건 잘될 거야!"

열심히 하루를 보낸 나를 칭찬하고 싶을 때, 좀 더 나은 내가 되고 싶을 때, 다시 일어날 힘이 필요할 때, 나에게 줄 수 있는 최고의 선물은 바로 스스로에게 좋은 말을 건네는 것이다. 특별한 준비도 필요하지 않다. 나와 나에게 건넬 긍정의 말만 있으면 된다. 팁을 주자면 밝고 큰 목소리로 반복해서 말하면 좀 더 효과를 높일 수 있다. 이렇게 쉽게 행복과 성공을 얻는 법이 또 어디 있을까?

감사일기로
말습관을 만들자

말에도 훈련이 필요하다. '감사일기'를 쓰는 것도 좋은 훈련이 될 수 있다. 언어 습관만큼이나 감사하는 습관을 중요하게 생각했던 엄마는 어릴 때부터 감사일기를 쓰게 했다. 매일 다섯 가지씩 감사한 일들을 노트에 적어서 자기 전에 검사를 받아야 했다. 처음엔 너무 귀찮기도 하고 어떤 걸 써야 하나 막막했는데, 막상 하나둘씩 써내려가다 보면 어느새 쓸 내용이 너무 많아서 열 가지가 훌쩍 넘기도 했다.

- 오늘도 늦잠 자지 않고 일찍 하루를 시작할 수 있어 감사합니다.
- 오늘 계획했던 공부 잘 마무리할 수 있어서 감사합니다.
- 제가 좋아하는 파란 하늘 마음껏 볼 수 있어서 감사합니다.

거창하지는 않아도 일상 속 사소한 감사에 제목을 붙여보면 아침에 눈을 뜨고 다시 잠자리에 드는 순간까지 온통 감사한 일투성이었다.

매일 감사일기를 채워나가다 보니 나의 하루도 조금씩 달라졌다. 부족한 것에 집중하기보다 작은 것이라도 나에게 주어진 것들에 만족하고 감사할 줄 알게 됐다. 일상에서 불평불만이 자연스럽게 사라지고 실패의 순간마저도 감사하며 희망을 볼 수 있었다. 그리고 감사는 더 큰 감사를 낳았다.

감사일기를 쓰는 방법은 매우 간단하다. 가장 먼저 작은 노트 한 권을 마련한다. 가지고 다니기 편하고 또 다섯 가지 감사를 쓸 수 있는 정도의 크기면 충분하다. 그리고 그 노트에 그때그때 감사한 일들을 채워나가면 된다! 감사일기를 쓰기로 다짐했다면 하루에 하

여섯 번째 주문

나씩이라도 꼭 적어야 한다. 딱히 쓸거리가 없다면 그 상태를 솔직하게 쓰는 것도 좋다. 하나를 쓰고 나면 두 개째, 세 개째는 어렵지 않다. 오늘 감사일기를 한 글자라도 적었다는 사실 자체가 감사한 일이 될 수도 있다. 그렇게 하나둘 쌓이다 보면 그다음은 저절로 써진다. 나중엔 감사일기를 쓰지 않고는 잠이 오지 않는 지경에 이르게 된다. 거창하고 특별한 게 아니어도 좋다. 그냥 있는 그대로 솔직한 내 마음을 적어보자.

어떤 일을 하기 전에 미리 감사하는 습관을 들이는 것도 좋다. 예를 들어 중요한 방송을 앞둔 아침, "준비한 만큼 잘 해낼 수 있게 해주셔서 감사합니다.", 중요한 미팅이나 회의를 앞두고는 "오늘 이 만남이 서로에게 좋은 영향을 끼치는 기쁜 만남 되게 하심 감사합니다."라고 미리 감사해버렸다. 그러다 보면 신기하게도 말하는 대로 이루어지는 기적까지 누리게 된다. 단순히 감사하는 마음에 그치지 않고 그것을 나의 말과 글로 표현하는 것이 중요하다. 무심코 지나쳤던 것들이, 그저 당연하다고 생각했던 것들이 얼마나 소중하고 감사한 일이었는지 느끼게 된다. 하루하루 모든 상황과 순간, 모든 만남에 집중하고 감사하게 된다. 말을 바꾸는 것은 돈도 시간도 노력도 적게 투자하면서 자신을 바꾸는 가장 좋은 방법이다.

사소한 습관이라도
유지하는 게 힘이다

공부도, 시간 관리도, **멘탈 관리도** 결국 습관으로 만드는 게 중요하다. 마음을 먹고 해야 하는 일이 아닌 의식하지 않아도 매일 꾸준히 실천하는 자연스러운 일이 돼야 한다. 꼭 해내야 한다는 강박보다는 하고 싶은 일을 즐겁게 할 수 있는 마음과 자세가 중요하다. 앞서 이야기했듯 매일매일 목표를 세우고 계획을 짜는 것도, 정해진 시간에 신문을 읽고 스크랩을 하고 공부를 하는 것도 나에겐 밥을 먹는 것처럼 너무나 당연한 일상이 되었다.

어떤 일을 습관으로 만들기 위해서는 어느 정도의 시간이 걸린다. 하루아침에 습관으로 만들려는 생각 자체가 잘못이다. 힌 빌 힌

발 조금씩 조금씩 실천해나가면서 몸과 마음이 그 루틴에 익숙해져야 한다. 그래야 작심삼일을 이겨내고 때때로 찾아오는 권태감도 이겨낼 수 있다. 가장 중요한 것은 습관 형성을 가로막는 장애물들을 제거하는 일이다.

먼저 수많은 핑계를 이겨내야 한다. '오늘은 피곤하니까 내일 마저 하자', '오늘은 날씨가 추우니까 운동은 하루 쉬자' 이런 핑계들에 일일이 반응하다가는 습관은커녕 시작도 제대로 못 해보는 꼴이 된다. 나를 가로막는 핑계들을 단호하게 물리치자. 오늘 못 하면 내일도 절대 못 한다. 꼭 오늘이 아니면 안 된다는 마음으로 시작해야 한다. 내일이 아니라 당장 오늘! 지금부터 해야 한다. 미루지 말자. 지금 당장 행동하자. 결단력과 행동력이 습관을 만든다.

이른 아침, 이불을 박차고 일어날 때도 '5분만 더', '10분만 더', '오늘은 피곤하니까 내일부터 일찍 일어나자'라는 생각을 버린다. 일어나는 시간을 확실하게 정하고 무슨 일이 있어도 반드시 그 시간 안에 이불을 박차고 나온다. 습관을 지속하기 위해서는 나 자신과의 싸움에서 이겨야 한다. 나와의 약속을 지키지 못하고 적당히 타협하는 것은 금물이다.

운동도 습관화하지 않으면 꾸준히 하기가 어렵다. 운동은 아마 제일 많은 핑계와 장애물이 가로막는 습관 중 하나다. 헬스장에 등록해놓고 갖가지 이유로 몇 달이 넘도록 발을 들여놓지 않은 경험은 누구나 있을 거다. 나 역시 등록해놓은 회원권만 회사 근처에 여럿 됐다. 멀어서 못 가고 바빠서 못 가고 피곤해서 못 가고 이제는 코로나라는 핑계까지 생겨버려서 운동하러 가지 않는 것을 합리화하는 지경에 이르렀다.

목표는
습관의 연료가 된다

그래서 확실한 목표가 있어야 한다. 확실한 목표는 습관을 지속하는 연료가 되어준다. 막연히 다이어트를 하고 싶다는 생각으로는 습관을 만들기가 어렵다. 정확한 목적지가 있어야 이리저리 헤매지 않고 확실하게 나아갈 수 있다.

다이어트를 한다면 정확한 수치의 목표를 정하고 이를 위해 어떤 운동을 얼마나 할지도 구체적으로 정해두어야 한다. 하루에 몇 보를 걸었는지, 운동량이 얼마나 되는지 알려주는 스마트 워치 등을 적극적으로 활용하는 것도 도움이 된다. 오늘 걸었던 걸음 수를 꾸준히 적어보며 기록을 늘려가는 것도 친구들끼리 그룹을 만들어서 내기나 경쟁을 하는 것도 좋은 방법이다. 중요한 건 오늘 컨디션이 좋다고 너무 많이 달리거나 컨디션이 나쁘다고 운동을 건너뛰는 것은 자제해야 한다. 꾸준히 실천해나가나 보면 하루하구 직은 습관들이 쌓여서 어느 순간엔 의식하지 않아도 자연스럽게 해내고 있는 나를 발견할 수 있다.

일도 마찬가지다. 회사에 출근해서 회의에 들어가기 전, 회의를 마치고 나서, 점심시간이나 오후 시간 등 일과를 쪼개보면 습관적으로 할 수 있는 일이 많다. 출근하자마자 신문을 가져오고 큐티를 하고 계획을 짜고 회의하고 공부도 할 수 있다. 더도 말고 덜도 말고 아침 딱 한 시간 동안만 공부하기로 계획을 세운다. 길다면 길고 짧다면 짧은 그 한 시간 동안 어떤 공부를 할 것인지 방향을 잡고 집중해보자. 그 시간만큼은 꾸준히 지켜서 온전히 공부에 투자하자. 휴대전화나 TV 같은 방해 요인들은 치워두고 딱 한 시간만 투자해서 공부하는 습관이 익숙해지도록 만들자. 습관이 되기 전까지는 자리에 앉아서 주변을 정리하고 휴대전화를 보고 간식을 먹고 공부에 온전히 몰입하기까지 시간이 꽤 걸릴 것이다. 하지만 한번 습관이 형성되고 나면 한 시간 집중해서 공부하는 건 일도 아니다.

책 읽는 습관 역시 일단 정해놓은 시간에 책을 펼치는 것부터가 시작이다. 꼭 많은 시간을 투자해서 많은 분량을 읽으려는 강박은 버리자. 자기가 좋아하고 관심 있는 책을 골라서 원하는 만큼 읽는다. 독서 역시 시간과 장소를 정해서 꾸준히 해야 한다. 개인적으로는 회사에서 자투리 시간이 있을 때 독서를 자주 한다. 회의와 회의 사이 시간이 빈다거나 업무를 하다가 머리가 아플 때 잠깐 책을 펼

여섯 번째 주문

쳐 든다. 책 속의 좋은 구절 딱 한 줄만으로도 엄청난 활력이 된다. 소설책이어도 좋고 만화책이나 그림책 혹은 성경책 같은 종교 서적도 좋다. 일단 책을 펼쳐 드는 습관만으로도 충분하다.

그 외에도 사소하지만 좋은 습관들을 오늘부터 시작해보자.

- 아침에 일어나서 이부자리 정리하기
- 출퇴근 시간에 영어 단어 외우기
- 매일 아침 신문 읽기
- 밝게 인사하기

뭐든지 일단 시작해서 지속하자. 일상의 작은 습관들이 쌓이면 나만의 무기가 된다. 모든 위대한 일은 작은 것에서부터 시작됐다. 핑계나 장애물에 부딪혀 의지가 꺾이지 않도록 단단해지자. 사소한 일이라도 꾸준히 실천하는 노력이 중요하다.

에필로그

오늘을 충실히 살아내는 것에서 시작하자

"쉴 새 없이 보다 나은 사람이 되기 위해 노력하자. 어떻게 계속해서 앞으로만 나아갈 것인가, 그것은 오직 노력에 의해 가능하다."

톨스토이의 말이다. 어떻게 지치지 않고 꾸준하게 앞으로 나아갈 것인가, 그것은 오직 노력에 의해 가능하다. 오늘 나에게 주어진 하루를 소중하게 여기며 한 걸음씩 꾸준히 걸어가자.

그러기 위해서는 오늘 할 수 있는 작은 목표와 계획을 세우고, 조금씩 시간과 양을 늘려가면서 꾸준히 지속하는 습관을 만들자. 작은 성공들이 모여서 생긴 자신감은 더 멀리, 오래갈 수 있는 원동력이 되어준다. 지금까지 나의 경험에 빗대어 그 구체적인 방법에 대해 이야기했다. 요약하자면 다음과 같다.

아주 작은 것에서부터
시작하기

········   집을 지을 때 가장 중요한 작업은 기초 다지기다. 모래 위에 지은 집은 쉽게 무너지지만 반석 위에 지은 집은 어떤 풍파와 역경에도 무너지지 않는다. 그만큼 어떤 일의 시작은 중요하다. 나는 먼저 새벽을 잘 다지는 것으로 시작했다.

조금 더 정성스럽게 이불을 개고 따뜻한 차 한잔을 마시는 것, 가만히 두 눈을 감고 신께 나의 하루를 온전히 맡기는 기도를 드리는 것, 이런 작고 사소한 시간들을 정성스레 모아 돌보고 다듬는 작업이면 충분하다.

심플하지만
튼튼한 설계도 만들기

········   기초를 다지는 것으로 하루를 잘 다듬고 나면 층을 쌓아 올리는 건 생각보다 어렵지 않다. 일단 30분 단위로 하루를 잘게 쪼갠 후 나의 스케줄을 채워 넣는다. 스케줄을 채워 넣기

위해서는 확실하고 심플한 해야 할 일 리스트가 필요하다. 복잡할 필요는 없다. 오히려 단순할수록 좋다. 그렇게 하루하루가 쌓여서 나만의 루틴이 된다.

나의 하루를
올바로 채점하기

....   혹시 오늘 계획한 일을 다 마치지 못했다 하더라도 절대 충분하지 않은 하루라고 평가하지 말자. 우리가 지금까지 열심히 쌓아 올렸던 집은 단순한 건물이 아니라 나만의 작품이었다는 것을 기억하자. 예술가는 본인이 붓을 놓는 지점에서 작품이 완성된다고 한다. 완벽한 하루를 살아내지 못했다 하더라도 잘 다듬어 마무리를 한다면 그 자체로 아름답다.

'오늘'을 충실하게 살아내는 것부터 시작하자. 처음부터 너무 멀리, 너무 큰 것만 바라보다가는 정작 지금 이 순간을 놓쳐버릴 수 있다. 그 어떤 일도 하루아침에 이루어지지는 않는다. 절대 욕심부리지 말자. 하루에 한 걸음씩, 내가 할 수 있는 만큼 해내는 것으로 충분하다.